実務叢書 わかりやすい不動産の適正取引シリーズ

# 消費者契約法からみた不動産取引

著：宇仁 美咲
編：（一財）不動産適正取引推進機構

# はしがき

　消費者契約法は、消費者契約に関する包括的な民事ルールを規定しています。当然、宅地や建物の売買や賃貸借といった契約も対象となります。他方で、宅地や建物の売買や賃貸借、さらには、媒介といった契約は、宅地建物取引業法の適用対象でもあります。宅地建物取引業法は、購入者の利益を保護し、宅地建物の流通の円滑化を図ることを究極目的としてはいますが、必ずしも消費者保護のみを目的としているわけではありません。しかも事業規制法ですから、宅地建物取引業者か否かを事業規制の枠組みとしています。このように、消費者契約法と宅地建物取引業法とは、法律の目的や保護の対象に違いがあります。

　一般財団法人不動産適正取引推進機構では、不動産取引に関して消費者保護に関する相談が寄せられることも多いことから、令和4年6月に、同機構内部の勉強会で、不動産取引において消費者契約法がどのように適用されているかを取り上げたことが、本書の始まりでした。2時間足らずの勉強会では取り上げられなかったテーマも多々あり、同機構から、機関誌RETIOへの連載のお話をいただきました。消費者契約法の各条項を争点とする不動産に関する裁判例も一定程度集積していることから、これまでに集積した判例を踏まえながら、宅地建物取引に関する紛争において消費者契約法が、どのように適用されてきたかについてとりあげ、RETIO129号から131号の連載となりました。令和6年2月には、その内容を2時間に圧縮し、同機構の講演会で講演する機会も設けていただきました。本書は、勉強会での質疑応答や連載原稿、講演会をもとに、この間に施行された改正法も踏まえて全体を加筆し、本としてまとめたものです。

　不動産に関する苦情や相談が数多く持ち込まれる国民生活センター、消費生活センター等では、じっくり宅地建物取引業法に関する知識を得ているいとまがなく、回答に苦慮する場面があるとも伺っています。また、宅地建物取引の要としての立場にある宅地建物取引業者にとっても、適正・公正に業務を行うためには、改正を重ねている消費者契約法に関す

る知識と紛争事例である判例を理解しておくことが不可欠です。本書が、消費者契約法と宅地建物取引業法の基本的な知識を埋める一助になり、紛争予防と紛争解決の指針になれば幸いです。

　本書の刊行にあたっては、多くの方々に支えていただきました。特に、一般財団法人不動産適正取引推進機構の山田哲也氏（元総括研究理事（現国土交通大学校校長））、藤原啓志氏（元研究理事・調査研究部長（現国土交通省四国地方整備局次長兼総務部長））、山本正雄氏（調査研究部次長）には、原稿段階から有益なご指摘をいただきました。また、山本正雄氏には、校正の細かな作業にも最後までおつきあいいただきました。三氏とのメールでのやりとりは大変楽しく有意義で、日常業務を忘れる一服の清涼剤でありました。執筆を見守ってくださった事務所長の岡本正治弁護士にも大変助けられました。編集作業については、大成出版社企画編集部松林伸一氏に様々なご苦労をおかけしました。この場をお借りして皆様に心より感謝を申し上げます。

2025年2月17日

　　　　　　　　　　　　　　　　　　　　　　弁護士　　宇仁　美咲

**********************************************************************
## 本書の構成

○ 本書は、消費者契約法の構成に沿って同法の内容や各条項が不動産取引にどのように適用されてきたかについて、関連する裁判例にも触れつつ、解説しています。

○ 消費者契約法の条文全文、本文で触れた宅地建物取引業法や民法の関係条文の抜粋、本書に掲載した裁判例の一覧となる判例索引は巻末に掲載しています。

○ 脚注の「逐条解説」は、消費者庁消費者制度課編「逐条解説 消費者契約法(第5版)」を指します。この内容は、消費者庁ウェブサイトからダウンロードすれば、同じ内容を読むことができます。(ウェブ○頁)との表記は、ウェブサイトからダウンロードしたものの引用頁を併記しました。

**********************************************************************

#  凡　例

1　**関係法令**
関係法令は、原則として令和6年6月16日現在によった。

2　**法令の引用表示**
本文解説中における法令条項のうち、主要な法令名は、以下の略語表によった。

　**主要法令略語表**
　　消契　　　⇒　消費者契約法
　　民　　　　⇒　民法
　　商　　　　⇒　商法
　　宅建業法　⇒　宅地建物取引業法

3　**判例の引用表示**
判例の引用は、原則として次のように行った。その際に用いた略語は、以下の「判例集等略語表」によった。年号は、明治は「明治」、大正は「大」、昭和は「昭」、平成は「平」、令和は「令」と略記した。

　**判例集等略語表**
　　大　　⇒　大審院
　　最　　⇒　最高裁判所
　　高　　⇒　高等裁判所
　　地　　⇒　地方裁判所
　　支　　⇒　支部
　　判　　⇒　判決
　　民集　⇒　最高裁判所民事判例集
　　金判　⇒　金融・商事判例
　　判時　⇒　判例時報
　　判タ　⇒　判例タイムズ
　　WL　 ⇒　WestLaw　Japan

4 参考文献

略語表以外の参考文献は「参考文献等」に記載のとおり。
なお、逐条解説は第5版により、カッコ書きには消費者庁のウェブサイトに掲載されている逐条解説のページ数を記載した。

5 呼称

本文解説中における呼称は、以下の略語表によった。
　　宅建業者　⇒　宅地建物取引業者
　　媒介業者　⇒　媒介を受託した宅地建物取引業者

〔参考文献と略語〕

- 逐条解説／消費者庁消費者制度課「逐条解説 消費者契約法〔第5版〕」商事法務 2023年12月
- 消費者庁ウェブサイト「消費者契約法 逐条解説」
- 潮見・民法(全)／潮見佳男「民法(全)〔第3版〕」2023年2月 有斐閣
- 道垣内・リーガルベイシス／道垣内弘人「リーガルベイシス民法入門〔第5版〕」2024年1月 日本経済新聞出版
- 江頭・商取引法／江頭憲治郎「商取引法〔第8版〕」2018年10月 弘文堂
- 四宮＝能見・民法総則／四宮和夫・能見善久「民法総則〔第9版〕」2018年3月 弘文堂
- 大村・消費者法／大村敦志「消費者法〔第4版〕」2011年4月 有斐閣
- 潮見佳男編著「消費者契約法・金融商品販売法と金融取引」2001年5月 経済法令研究会
- 河上正二「民法学入門 第2版増補版」2014年4月 日本評論社
- 森田宏樹「消費者契約の解除に伴う『平均的な損害』の意義について」潮見佳男・山本敬三・森田宏樹 編『特別法と民法』2006年10月 有斐閣
- 松田知丈・渡辺駿「消費者契約法及び消費者裁判手続特例法の改正と今後の実務への影響」法律のひろば76巻5号28頁
- 黒木理恵・楢橋康英「消費者契約法・消費者裁判手続特例法・公益通報者保護法の動向と課題」NBL1233号78頁
- 福島成洋・上野一郎・玉置貴広・杉田香穂「消費者契約法改正の概要」NBL1224号68頁
- 大橋賢也「実務のための令和4年改正消費者契約法の考え方(1)」NBL1228号26頁
- 吉村健一郎「実務のための令和4年改正消費者契約法の考え方(2)」NBL1230号52頁
- 釜谷理恵「実務のための令和4年改正消費者契約法の考え方(3)」NBL1232号56頁
- 山本敬三「2022年消費者契約法改正と今後の課題(1)」NBL1230号4頁

・山本敬三「2022年消費者契約法改正と今後の課題（2）」NBL1231号23頁
・山本敬三「2022年消費者契約法改正と今後の課題（3）」NBL1232号33頁
・山本敬三「2022年消費者契約法改正と今後の課題（4）」NBL1234号10頁
・中田邦博「消費者契約法10条の意義」法学セミナー549号37頁
・中田裕康「消費者契約法と信義則論」ジュリスト1200号70頁
・桑岡和久「損害賠償額の予定条項・違約金条項を規整する宅地建物取引業法38条と消費者契約法9条1項の適用関係—消費者契約法11条2項に関する一検討—」現代消費者法43号43頁
・山野目章夫「消費者契約法12条という可能性」NBL1176号1頁
・山本豊「適格消費者団体による差止請求」法律時報83巻8号27頁
・山本敬三「消費者契約法の意義と民法の課題」民商法雑誌123巻4．5号505頁
・山野目章夫「不動産賃貸借の信頼関係破壊法理と消費者契約法に基づく差止請求権」『民法・消費者法理論の展開—後藤巻則先生古希祝賀論文集』2022年12月　弘文堂
・道垣内弘人「消費者契約法10条による無効判断の方法」『野村豊弘先生古希記念論文集　民法の未来』2014年4月　商事法務
・石川博康「不動産賃貸借における残置物処理と自力救済」『民法・消費者法理論の展開—後藤巻則先生古希祝賀論文集』2022年12月
・岡本＝宇仁「逐条宅建業法」／岡本正治・宇仁美咲「三訂版逐条解説宅地建物取引業法」2020年2月　大成出版社
・岡本＝宇仁「事案分析の手法」／岡本正治・宇仁美咲「不動産売買の紛争類型と事案分析の手法」2017年12月　大成出版社
・岡本＝宇仁「指導監督からみた宅建業法」／岡本正治・宇仁美咲「指導監督から見た宅地建物取引業法」2022年8月　大成出版社
・「消費者契約に関する検討会　報告書」令和3年9月
・「鹿野菜穂子／第6章　総論・契約締結過程規制」　中田邦博・鹿野菜穂子『基本講義消費者法〔第5版〕』71頁　2018年3月　日本評論社
・「中田邦博／第7章　不当条項規制」　中田邦博・鹿野菜穂子『基本講義消

費者法〔第5版〕』93頁　2018年3月　日本評論社
- 野々山宏「消費者契約法と契約締結過程の適正化」法学教室310号102頁
- 太田雅之「消費者契約法の適用－その現状と課題」判例タイムズ1212号46頁
- 「シンポジウム　転換期の民法・消費者法」私法83号4頁　有斐閣
- 宮下修一「契約の勧誘における情報提供」法律時報　83巻8号9頁

〔判例評釈〕
（最判令4・12・12）
- 堀内元城　ジュリスト1587号103頁
- 小峯庸平　ジュリスト1585号81頁
- 大澤彩　民商法雑誌159巻6号864頁
- 加藤新太郎　NBL1253号72頁
- 岡田愛　WLJ判例コラム第282号
- 金融・商事判例1672号18頁
- 金融・商事判例1672号38頁　（大阪高判令3・3・5　控訴審）
- 金融・商事判例1573号8頁　（大阪地判令元・6・21　第一審）
- 金融・商事判例1673号8頁　（最判令4.12.12）
- 大澤慎太郎　判評783号2頁（判時2588号164頁）
- 福島成洋　現代消費者法58号116頁
- 金融商事判例1672号38頁　（大阪高判令3・3・5）
- 福島成洋　現代消費者法57号109頁　（大阪高判令3・3・5）
- 金融・商事判例1573号8頁　（大阪地判令元・6・21）

## ●目　次●

はしがき
本書の構成
凡　例
参考文献と略語

### 解説 ●消費者契約法からみた不動産取引

**第1▶消費者契約法の成立・改正経緯** ……………………………………03
**第2▶消費者契約法の構造** ………………………………………………03
　1　消費者契約に関する包括的な民事ルール ……………………………03
　2　当事者の属性から見た宅地建物取引の特徴 …………………………07
　3　消費者契約法による消費者保護 ………………………………………10
　4　事業者の努力義務 ………………………………………………………13
　　　(1) 事業者の努力義務と消費者の努力義務 ……………………………13
　　　(2) 事業者の3つの努力義務 ………………………………………13
　　　(3) 事業者の努力義務と宅建業者の義務との関係 ……………………15
**第3▶適用対象　―消費者性―** ………………………………………18
**第4▶意思表示の取消し（契約締結過程に関する規律）** ………………27
　1　消費者契約法4条による意思表示の取消しの類型 …………………27
　2　誤認による意思表示の取消し …………………………………………28
　　　(1) 要　件 ……………………………………………………………28
　　　(2) 「事業者が消費者契約の締結について勧誘をするに際し」 ………28
　　　　ア　勧　誘 …………………………………………………………29
　　　　イ　不特定多数に向けられた勧誘行為 ……………………………29
　　　　ウ　不動産広告における「勧誘」…………………………………31
　　　　エ　宅地建物取引において「勧誘」行為と認定されたもの ………31
　3　不実告知・不利益事実の不告知、断定的判断の提供と告知の対象（重要事項）……34
　　　(1) 告知の対象 ………………………………………………………35
　　　(2) 重要事項（消契4条5項）………………………………………35
　　　(3) 不利益事実の不告知の事案では「重要事項」は拡張されない …………37
　　　(4) 消費者契約法上の「重要事項」に関する裁判例 ……………………37
　4　不実告知（消契4条1項1号）………………………………………47
　　　(1) 要　件 ……………………………………………………………47

(2)「事実と異なること」……………………………………………………48
　　(3) 事業者の故意の要否（主観的認識）……………………………………50
　　(4)「告げる」方法 ……………………………………………………………51
5　不利益事実の不告知（消契4条2項）………………………………………52
　　(1) 要　件 ………………………………………………………………………52
　　(2) 不利益事実の不告知における「利益の告知」…………………………53
　　(3) 不利益事実の不告知における主観的要件 ………………………………53
　　(4) 不利益事実の不告知についての宅建業法における取扱い ……………54
　　(5) 不利益事実の不告知に関する裁判例 ……………………………………54
6　断定的判断の提供（消契4条1項2号）……………………………………58
　　(1) 趣　旨 ………………………………………………………………………58
　　(2) 断定的判断の提供による取消しの要件 …………………………………59
　　(3)「将来における変動が不確実な事項」……………………………………60
　　(4) 主観的要件 …………………………………………………………………60
　　(5)「断定的判断の提供」………………………………………………………61
　　(6) 断定的判断の提供に関する紛争事例 ……………………………………63
7　困惑による意思表示の取消し（消契4条3項）……………………………65
　　(1) 類　型 ………………………………………………………………………65
　　(2) 改正の経緯 …………………………………………………………………69
　　(3) 要　件 ………………………………………………………………………70
8　不動産取引における困惑類型による取消し …………………………………70
　　(1) 過去の裁判例からみた消費者契約法4条3項による取消し …………70
　　(2) 不動産売買における1号から4号による救済の可能性 ………………71
　　　ア　消費者が買主の場合 ……………………………………………………71
　　　イ　消費者が売主の場合 ……………………………………………………77
　　(3) 不動産取引における9号、10号の適用の可能性 ………………………77
　　　ア　9号、10号の新設 ………………………………………………………77
　　　イ　不動産賃貸借における9号、10号の適用の可能性 …………………78
　　　ウ　不動産売買における9号、10号の適用の可能性 ……………………78
　　(4) 不動産売買における5号から8号による救済の可能性 ………………80
　　　ア　5号 ………………………………………………………………………80
　　　イ　6号 ………………………………………………………………………80
　　　ウ　7号 ………………………………………………………………………81
　　　エ　8号 ………………………………………………………………………82

|　　　(5) 困惑類型における宅建業法による救済 ……………………………………84
|　　　(6) 消費者契約法4条と宅建業法による監督処分 …………………………85
|　9　消費者契約法4条による取消しの効果 ………………………………………86
|　　　(1) 消費者契約法4条による取消しと第三者 ………………………………86
|　　　(2) 消費者の負担する原状回復義務 …………………………………………86
|　10　消費者契約法に基づく取消権の行使期間 ……………………………………86
|　　　(1) 民法126条との違い ………………………………………………………86
|　　　(2) 令和4年臨時国会改正 ……………………………………………………87
|　11　媒介業者・販売代理による勧誘 ………………………………………………87
|　12　民法・商法との関係 ……………………………………………………………88

## 第5▶契約内容についての規律（消費者契約の条項の無効） ……………………89

|　1　契約条項を無効にする規定 ………………………………………………………89
|　2　民法と消費者契約法との優先関係 ………………………………………………89
|　3　事業者の損害賠償責任を制限する条項の無効（消契8条）…………………90
|　　　(1) 全部免除特約（1号、3号）……………………………………………91
|　　　　ア　全部免除 ………………………………………………………………92
|　　　　イ　責任の"有無"を決定する権限の付与 ……………………………92
|　　　　ウ　軽過失 …………………………………………………………………92
|　　　(2) 一部免除特約（2号、4号）……………………………………………92
|　　　　ア　故意又は重過失 ………………………………………………………92
|　　　　イ　その使用する者 ………………………………………………………93
|　　　　ウ　一部を免除 ……………………………………………………………93
|　　　(3) 効　果 ………………………………………………………………………93
|　　　(4) 軽過失による行為にのみ適用されることを明らかにしていない一部免責条項 ……94
|　4　解除権を放棄させる条項の無効（消費者契約法8条の2）…………………94
|　5　契約不適合責任の場合の特則 ……………………………………………………95
|　　　(1) 宅地建物取引と契約不適合 ………………………………………………95
|　　　(2) 修補請求のみに限定する特約条項の問題性 ……………………………95
|　　　(3) 契約不適合責任制限特約と消費者契約法8条の2との関係 …………97
|　6　消費者の後見等を理由とする解除条項の無効（消費者契約法8条の3）……97
|　7　損害賠償の額の予定に関する特約の無効（消費者契約法9条）……………99
|　　　(1) 契約の解除に伴う ………………………………………………………100
|　　　(2) 平均的な損害の額 ………………………………………………………100
|　　　(3) 宅地建物取引業法38条との関係 ………………………………………100

|   |   | (4) 事業者の努力義務 …………………………………………………102 |
| - | - | - |
|   | 8 | 消費者の利益を一方的に害する条項の無効（10条）……………………102 |
|   |   | (1) 法的性格 ……………………………………………………………102 |
|   |   | (2) 要　件 ……………………………………………………………103 |
|   |   | 　ア「法令中の公の秩序に関しない規定」（消契10条前段）………103 |
|   |   | 　イ「消費者の利益を一方的に害する」（消契10条後段）……………104 |
|   |   | (3) 瑕疵担保責任・契約不適合責任と消費者契約法10条 …………104 |
|   |   | 　ア　事業者を売主とする売買契約 ……………………………………105 |
|   |   | 　イ　売主が消費者、買主が事業者である場合の契約不適合についての制限 ……………………………………………………………107 |
|   |   | (4) 敷引き特約に関する裁判例 ………………………………………108 |
|   |   | (5) 更新料特約に関する裁判例 ………………………………………111 |
|   |   | (6) 解除条項、明渡し条項に関する裁判例 …………………………113 |

## 第6▶適格消費者団体による差止請求……………………………………116

| 1 | 適格消費者団体 ………………………………………………………116 |
| - | - |
| 2 | 差止請求権 ……………………………………………………………117 |
|   | (1) 差止請求訴訟における限定解釈の可否 …………………………117 |
|   | (2) 最高裁令和4年判決を活かした契約書作成 ……………………118 |

## ●関係法令

○消費者契約法 ………………………………………………………………123
○宅地建物取引業法（抄）……………………………………………………160
○民法（抄）……………………………………………………………………172
○判例索引 ……………………………………………………………………176
○事項索引 ……………………………………………………………………177

## 解説

# 消費者契約法からみた不動産取引

## 第1 ▶ 消費者契約法の成立・改正経緯

　消費者契約法は、平成12年(2000年)4月に成立し、平成13年(2001年)4月1日に施行されました。その後、平成18年改正では消費者団体訴訟制度が導入されました。
　実体法部分の改正としては、平成28年、30年、令和4年に、取り消しうる不当な勧誘行為の追加、無効となる不当な契約条項の追加等の民事ルールの改正が行われました[1]。令和4年改正は、令和5年6月1日から施行されています。

## 第2 ▶ 消費者契約法の構造

### 1 消費者契約に関する包括的な民事ルール

　消費者契約法は、消費者契約に関する包括的な民事ルールとして制定されました。「消費者契約」とは、消費者契約法で定義する「消費者」と「事業者」との間で締結される契約（消契2条3項）のうち、労働契約を除いたものです(消契48条)。

◆消費者とは

　「消費者」とは、個人（自然人）を指し、「事業としてでもなく、事業のためにでもなく」契約の当事者となる主体を意味します[2]。
　「事業者」とは、①「法人」及び「その他の団体」と②個人が「事業として又は事業のために契約の当事者となる場合」です(同法2条2項)。「法人」は、営利法人に限られません[3]。
　具体的な紛争においては、それまで事業を営んだことがないのにネットショップを営むことを目的としてホームページ制作契約を締結した者や、投資用マンションを勧められて購入した者が消費者に当たるかといった問題と、法人がその業務と関係がない契約を締結した場合に、その法人は、消費者契約法における事業者といえるか、などが問題になっています。
➡第3参照。

---

1　消費者庁ウェブサイト https://www.caa.go.jp/policies/policy/consumer_system/consumer_contract_act/
2　逐条解説9頁(ウェブ6頁)。
3　逐条解説12頁(ウェブ9頁)。

宅地建物の売買、交換、貸借は、一方の当事者が消費者で他方当事者が事業者であれば消費者契約にあたり、以下の場合に消費者契約法の適用があります。

❶売主が事業者(宅建業者を含む)、買主が消費者である宅地・建物の売買契約

❷売主が消費者、買主が事業者(宅建業者を含む)である宅地・建物の売買契約

❸交換の一方の当事者が消費者、他方の当事者が事業者(宅建業者を含む)である宅地建物の交換契約

❹宅建業者と消費者との媒介契約

❺宅建業者が媒介業者として宅地建物取引に関与するときに、媒介業者が消費者に対し消費者契約法4条1項から4項に規定する行為をした場合(消契5条1項)

❻宅建業者が事業者の代理人として宅地建物取引に関与するとき(消契5条2項)

　賃貸業は宅地建物取引ではありませんが(宅建業法2条2号)、賃貸業者は事業者ですから、

❼土地賃貸人または建物賃貸人と消費者との賃貸借契約

にも消費者契約法が適用されます。

　❶の事案として、宝石類の卸売業等を目的とする会社(売主)から購入した土地から環境基準を超える鉛が検出されるなど瑕疵が存在するとして消費者である買主が売主に対し、瑕疵担保責任に基づき売買契約の解除、予備

的に損害賠償請求をしたところ、瑕疵担保責任の追及は引渡日から3か月以内にしなければならないとする特約が付されていたことについて、この特約は消費者の利益を一方的に害するとして消費者契約法10条に違反し無効であるとし、鉛等の除去費用の賠償請求が認容されたものがあります（東京地判平22.6.29 WLJPCA06298001）。

## 【東京地判平22.6.29　WLJPCA06298001】
### 〔事案の概要〕
　消費者である買主が二世帯住宅を建築して居住する目的で、宝石類の卸売業を目的とする株式会社（事業者）から土地を購入し、平成20年3月10日、引き渡しを受けた。土地から環境基準を超える鉛が検出され、その後、六価クロムを含有する皮革等の燃え殻が多数埋設されていることが判明した。

　買主は、引き渡しから3か月以上経過した平成20年10月16日、瑕疵担保責任に基づき、本件売買契約を解除するとの意思表示をし、訴訟において、主位的に売買契約の解除、予備的に損害賠償請求をした。

　売買契約には、瑕疵担保責任の行使期間を本件土地の引渡日から3か月以内とする特約（以下「本件特約」という。）が付されていたことから、この特約が、消費者契約法10条により無効となるか否かが問題になった。一部認容。本件特約が消費者契約法10条に該当して無効となるかについては104頁。

### 〔判旨〕
#### ≪瑕疵の有無≫
　土地上に住宅を建築することを目的として締結された売買契約において、土地から環境基準を超える鉛が検出されるとともに六価クロムを含む皮革等の燃え殻が多数埋設されていたことが認められるから、本件土地は通常有すべき性状を備えたものということはできず瑕疵がある。

#### ≪売買契約の目的を達成することができない場合と言えるか≫
　環境基準を超える鉛は、本件土地の4か所のうち1か所から検出されたものであり、皮革等の燃え殻は、本件土地の西側の約40㎡の範囲内の部分に多数埋設されているものであるところ、本件土地上に住宅

を建築することができない程度のものということはできない。
≪損害≫
　瑕疵担保責任に基づく損害としては、鉛や皮革等の燃え殻の除去費用相当額とした。
≪本件特約が消費者契約法10条により無効となるか否か≫
- 10条前段該当性
「改正前民法570条、566条3項は、買主が事実を知った時から1年以内にしなければならないと規定するのに対し、本件特約は、本件土地の引渡日から3か月以内とするというものであって、瑕疵担保責任の行使期間を買主の認識に関わらず、その期間も1年以内から3か月に短縮するものであるから、同法の公の秩序に関しない規定の適用による場合に比し、消費者である買主の権利を制限する者であることは明らかである」
- 10条後段該当性
このような瑕疵はその発見が困難であること、売主会社は、売買契約の締結時に買主の妻から、本件土地の従前の利用法や埋設物等の確認を求められたのに対し、居住のみに使用しており問題はない旨回答して埋設物の可能性を記載することなく物件状況等報告書を交付したこと、買主は、平成20年8月25日、皮革等の燃え殻が多数埋設されていることが判明したため、10月16日に解除の意思表示をしたことから、買主は適宜、本件土地の調査等を尽くしたというべきであるとし、本件特約は、民法1条2項に規定する基本原則である信義誠実の原則に反して消費者の利益を一方的に害するものであるとした。
≪消契2条2項該当性≫
「被告(売主)は，貴金属，宝石類の卸売業等を目的とする株式会社であって，不動産の売買を業とするものではないから，消費者契約法の事業者にはあたらないと主張する。しかしながら，同法2条2項は，事業者とは，法人その他の団体及び事業として又は事業のために契約の当事者となる場合における個人をいうと規定するから，法人は，その業務との関連にかかわらず，事業者に該当するものというべきである。」

## 2　当事者の属性から見た宅地建物取引の特徴

　健康食品や化粧品、資格取得教材等の売買の売主は事業者に固定され、買主は消費者に固定され、その逆はありません。しかし、宅地建物取引では、売主と買主の属性が固定されないという特徴があります。

　例えば、新築分譲マンションや建売住宅の売買の売主は必ず事業者であり、買主のほとんどは消費者です。しかし、買主であった消費者がその後の家族の増減や転勤・転職などにより、購入したマンションを売却すると、売主は消費者です。同じ物件の売買にもかかわらず、買主として取得して、売主として売却するのです。相続により取得した土地が遠隔地にあって当面使う予定もないので放置していたところ、物流会社が物流倉庫を建築するために土地を購入したいと打診してきた場合も、売主は消費者、買主は事業者です。当事者の属性が固定されないのは、不動産という財産が非常に高い汎用性を有していることによります。

　当事者の属性が固定されないということは、宅地建物取引においては、「買主保護」さえ考えていれば消費者の保護につながるわけではないことを意味します。宅建業法は、「購入者等の利益の保護と宅地及び建物の流通の円滑化とを図ること」(宅建業法1条)を究極目的としています。この究極目的を達成するために、宅建業法は、宅地建物取引の専門家である宅建業者に対して、契約締結前に重要事項説明書を交付して重要事項を説明することを義務付け(宅建業法35条)、契約が成立したときには契約当事者に対し37条書面の交付を義務づけて(宅建業法37条)契約当事者が契約内容を確認できるようにしています。さらに、時期を限定することなく、宅建業者に対し、事実不告知・不実告知の禁止(宅建業法47条1号)を規定しています。契約当事者が消費者か事業者かで宅建業者の宅建業法上の義務は変わりません。宅建業者間の取引においてのみ、重要事項説明義務が重要事項説明書の交付とされるだけです。このように、契約当事者の属性によって宅建業者の義務の内容が異ならない点が、「情報の質及び量並びに交渉力の格差」(消契1条)に着目して消費者の利益の擁護を図り、もって国民生活の安定向上と公民経済の健全な発展に寄与することを目的とする消費者契約法[4]と大きく異なります。

---

4　逐条解説2頁(ウェブ1頁)。

◆**重要事項説明義務(宅建業法35条)による情報提供**

　宅建業法は、宅建業者に対し、買主、借主、交換によって宅地や建物を取得しようとする者に重要事項説明書を交付して重要事項説明をすることを義務付けています(宅建業法35条1項本文)[5]。重要事項説明の相手方は消費者に限定されません。例えば、宅地や建物の売買に宅建業者が媒介として関与する場合、媒介業者は買主に対して、重要事項説明義務を負います。買主が消費者である場合はもちろん、買主が事業者であっても宅建業者に重要事項説明が義務付けられていることは同じです。

　宅建業法35条の例外は、買主が宅建業者であるときです。平成28年6月3日(法律第56号)改正では、宅建業者が買主である場合、重要事項説明書の交付義務はあります(宅建業法35条6項)が、重要事項の説明までは義務付けられません。重要事項説明書を交付するためには、重要事項の調査が必要ですから、買主が宅建業者であっても、買主が契約を締結するか否かの判断に影響を及ぼす事項については、売主業者や媒介業者の調査義務はあるといえます。

　これは、宅地や建物は、個別性が強く、これを取り巻く権利関係や法令上の制限も多いことから、宅建業者と言えども、契約を締結するか否かを判断するためには情報提供を受ける必要があるためです。宅建業者が買主等の場合には、宅地建物取引の専門家であるため、重要事項説明書の交付を受けさえすれば、その内容を理解することができ、契約を締結するか否かを合理的に判断できることから、交付のみを義務付けたのです。このように、宅建業法における重要事項説明義務は、情報の偏在ゆえに合理的な選択がなされない買主や借主、交換により取得する者に対し、契約締結前に売買目的物や契約内容等契約を締結するか否かに影響を及ぼす事項についての情報を契約締結前に提供することにより、合理的な選択ができるようにして、買主等の利益の保護と、宅地建物の流通の円滑化を図ろうとしているのです。

◆**37条書面の交付義務**

　宅建業者は、売買や交換の契約が成立した時には遅滞なく、契約当事者に対し、宅建業法37条に規定されている事項を記載した書面(いわ

---

5　岡本＝宇仁「逐条宅建業法」458頁。

ゆる 37 条書面）を交付する義務を負います（宅建業法 37 条）。37 条書面の交付義務は、交付の相手方の属性を問いません。37 条書面には、成立した契約の内容が記載され、合意内容が明らかにされていますから、後日、契約内容をめぐる紛争を防止する役割を有しています[6]。

◆**不実告知の禁止、不利益事実の不告知の禁止（宅建業法 47 条 1 号）**
　宅建業法 47 条 1 号は「宅地建物取引業者の相手方等」に対する故意による事実の不告知、不実告知を禁止しています。「宅地建物取引業者の相手方等」（宅建業法 47 条 1 号）には売主や貸主も含まれます[7]。

　宅建業者が関与する宅地建物取引においては、契約当事者が消費者か否かという観点ではなく、①宅建業法 35 条により、契約締結前に適切な情報を提供し、②宅建業法 47 条 1 号により不正な取引を禁じ、③宅建業法 37 条により、合意内容を記載した書面をすみやかに交付することによって後日の紛争を回避しようとしています。そして、宅地建物取引業の業務の適正な運営と宅地建物取引の公正の確保によって購入者の利益が保護され、宅地建物の流通の円滑化が図られることにより（宅建業法 1 条）、結果として消費者の保護を図るという構造を有しているのです。

　事実不告知・不実告知の禁止は宅建業法が制定された昭和 27 年から規定されていますが、重要事項説明義務と 37 条書面交付義務は昭和 42 年改正に新設されました。昭和 27 年に制定された宅建業法は、社会・経済情勢の変化に対応しながら、同法 1 条の究極目的を掲げて免許制度と監督処分を伴う業務規制という枠組みの中で消費者保護をも視野に入れながら改正を重ねてきたといえるのです。

　ただし、宅建業法は、事業規制法ですから[8]、損害賠償額の予定の制限（宅建業法 38 条）、手付の額の制限等（宅建業法 39 条）、担保責任についての特約の制限（宅建業法 40 条）のように、宅建業法に違反する特約を無効とする効力規定を設けている場合を除き、宅建業法に違反することが直ちに私法的効力に影響するわけではありません。これに対し、消費者契約法は、対等な当事者間のルールである民法等の特例を設け、情

---
[6] 岡本＝宇仁「逐条宅建業法」680 頁。
[7] 岡本＝宇仁「逐条宅建業法」821 頁。
[8] 岡本＝宇仁「指導監督からみた宅建業法」4 頁。

報や専門的知識の偏在や経験不足によって合理的な判断による選択ができなかった消費者に契約による拘束からの離脱を可能とする救済の手段を与えるものです[9]。

> 【宅地建物取引業法】
> (目的)
> **第1条** この法律は、宅地建物取引業を営む者について免許制度を実施し、その事業に対し必要な規制を行うことにより、その業務の適正な運営と宅地及び建物の取引の公正とを確保するとともに、宅地建物取引業の健全な発達を促進し、<u>もつて購入者等の利益の保護と宅地及び建物の流通の円滑化とを図ることを目的とする。</u>【昭和46年改正】
>
> 注)下線は著者による(以下同じ。)。

> 【消費者契約法】
> (目的)
> **第1条** この法律は、消費者と事業者との間の情報の質及び量並びに交渉力の格差に鑑み、事業者の一定の行為により消費者が誤認し、又は困惑した場合等について契約の申込み又はその承諾の意思表示を取り消すことができることとするとともに、事業者の損害賠償の責任を免除する条項その他の消費者の利益を不当に害することとなる条項の全部又は一部を無効とするほか、消費者の被害の発生又は拡大を防止するため適格消費者団体が事業者等に対し差止請求をすることができることとすることにより、<u>消費者の利益の擁護を図り、もって国民生活の安定向上と国民経済の健全な発展に寄与することを目的とする。</u>

## 3　消費者契約法による消費者保護

消費者契約法に基づいて個別具体的な消費者の保護を図るには2つの

---

9　逐条解説635頁では「消費者契約法は、消費者契約を幅広く対象とし、消費者と事業者の間の情報や交渉力の格差が、消費者と事業者と締結した契約において発生する紛争(トラブル)の背景となることが少なくないことを前提に、契約の取消し、契約条項の無効という効果を消費者自らが主張できる場合を民法よりも拡大する民事ルールである」としている。

方法があります。
　①消費者契約の申込み・承諾の意思表示の取消し（消契4〜7条）
　②消費者契約の条項の無効（消契8〜10条）
　①、②のいずれも、制定当初から設けられ、改正を重ねる中で拡充・具体化が図られてきました。令和4年改正においても、①の取消しの範囲を拡げる改正が含まれています。しかし、①も②も、個別的かつ事後的に被害者救済を図ることはできても、同種の消費者被害の発生や拡大を防止することはできません。そこで、平成18年改正において③適格消費者団体による差止請求（消契12条）が新設されました[10]。

◆**適格消費者団体**
　適格消費者団体とは、不特定かつ多数の消費者の利益のために消費者契約法の規定による差止請求権を行使するのに必要な適格性を有する法人である消費者団体として消費者契約法13条の定めるところにより内閣総理大臣の認定を受けた者をいいます（消契2条4項）。
　適格消費者団体による差止請求を認めて、消費者保護の方策を個別的かつ事後的な被害者救済から同種の消費者被害の発生または拡大の防止にまで拡げるにあたり、1条の目的規定も改正され、「消費者の被害の発生又は拡大を防止するため適格消費者団体が事業者等に対し差止請求をすることができることとすることにより」が加えられました（平成18年6月7日法律第56号）。

**消費者契約法　第1条**（目的）

| 制定当時 | 平成18年改正 |
| --- | --- |
| この法律は、消費者と事業者との間の情報の質及び量並びに交渉力の格差にかんがみ、事業者の一定の行為により消費者が誤認し、又は困惑した場合について契約の申込み又はその承諾の | この法律は、消費者と事業者との間の情報の質及び量並びに交渉力の格差にかんがみ、事業者の一定の行為により消費者が誤認し、又は困惑した場合について契約の申込み又はその |

---
10　逐条解説654頁。

| | |
|---|---|
| 意思表示を取り消すことができることとするとともに、事業者の損害賠償の責任を免除する条項その他の消費者の利益を不当に害することとなる条項の全部又は一部を無効とすることにより、消費者の利益の擁護を図り、もって国民生活の安定向上と国民経済の健全な発展に寄与することを目的とする。 | 承諾の意思表示を取り消すことができることとするとともに、事業者の損害賠償の責任を免除する条項その他の消費者の利益を不当に害することとなる条項の全部又は一部を無効とするほか、消費者の被害の発生又は拡大を防止するため適格消費者団体が事業者等に対し差止請求をすることができることとすることにより、消費者の利益の擁護を図り、もって国民生活の安定向上と国民経済の健全な発展に寄与することを目的とする。 |

　消費者契約法1条は、平成28年改正（平成28年6月3日法律第61号（最終改正））により、現行法は、以下の条項となっています。

| 平成18年改正 | 現行法 |
|---|---|
| この法律は、消費者と事業者との間の情報の質及び量並びに交渉力の格差にかんがみ、事業者の一定の行為により消費者が誤認し、又は困惑した場合について契約の申込み又はその承諾の意思表示を取り消すことができることとするとともに、事業者の損害賠償の責任を免除する条項その他の消費者の利益を不当に害することとなる条項の全部又は一部を無効とするほか、消費者の被 | この法律は、消費者と事業者との間の情報の質及び量並びに交渉力の格差に鑑み、事業者の一定の行為により消費者が誤認し、又は困惑した場合等について契約の申込み又はその承諾の意思表示を取り消すことができることとするとともに、事業者の損害賠償の責任を免除する条項その他の消費者の利益を不当に害することとなる条項の全部又は一部を無効とするほか、消費者の被害の発生又は拡大を防止す |

| | |
|---|---|
| 害の発生又は拡大を防止するため適格消費者団体が事業者等に対し差止請求をすることができることとすることにより、消費者の利益の擁護を図り、もって国民生活の安定向上と国民経済の健全な発展に寄与することを目的とする。 | るため適格消費者団体が事業者等に対し差止請求をすることができることとすることにより、消費者の利益の擁護を図り、もって国民生活の安定向上と国民経済の健全な発展に寄与することを目的とする。 |

## 4 事業者の努力義務

(1) 事業者の努力義務と消費者の努力義務

　　消費者契約法は、事業者に対し努力義務を課しています（消契3条1項）。あまり大きく取り上げられることはありませんが、消費者契約法は、消費者に対する努力義務も規定しています（消契3条2項）。いずれも3条の規定ですが、事業者の努力義務と消費者の努力義務は異なります。消費者の努力義務は、「事業者から提供された情報を活用し、消費者の権利義務その他の消費者契約の内容について理解するよう努めるものとする」と規定され、事業者が適切な情報を提供することが大前提となっています。さらに、事業者に対する努力義務は「努めなければならない」（消契3条1項）とされているのに対し、消費者に対する努力義務は「努めるものとする」（消契3条2項）として、情報・交渉力の格差に鑑み、消費者に求める努力のニュアンスは若干弱められています[11]。

　　事業者の努力義務違反の効果については規定されていませんが、事業者の情報提供義務は、不法行為の違法性の要件を満たす場合があると解されています[12]。

(2) 事業者の3つの努力義務

　　消費者契約法制定当初からの事業者の努力義務は、以下の2つでした。
　①消費者契約の条項を定めるにあたっての努力義務
　　契約内容が明確かつ平易なものになるよう配慮すること（消契3条1項1号）

---

11 逐条解説34頁（ウェブ27頁）。
12 江頭・商取引法105頁、宮下修一「契約の勧誘における情報提供」法律時報83巻8号10頁。

②契約締結の勧誘に際しての努力義務

契約内容について必要な情報を提供すること（消契3条1項2号）

令和4年改正では、これに加えて

③解除権の行使に必要な情報提供（改正消契3条1項4号）

を設けました。契約締結後であっても消費者の求めに応じて、解除権の行使に関して必要な情報を提供することについて事業者の努力義務が明記されました[13]。

---

【消費者契約法】

（事業者及び消費者の努力）

**第3条** 事業者は、次に掲げる措置を講ずるよう努めなければならない。

一　消費者契約の条項を定めるに当たっては、消費者の権利義務その他の消費者契約の内容が、その解釈について疑義が生じない明確なもので、かつ、消費者にとって平易なものになるよう配慮すること。

二　消費者契約の締結について勧誘をするに際しては、消費者の理解を深めるために、物品、権利、役務その他の消費者契約の目的となるものの性質に応じ、事業者が知ることができた個々の消費者の年齢、心身の状態、知識及び経験を総合的に考慮した上で、消費者の権利義務その他の消費者契約の内容についての必要な情報を提供すること。

三　民法第548条の2第1項に規定する定型取引合意に該当する消費者契約の締結について勧誘をするに際しては、消費者が同項に規定する定型約款の内容を容易に知り得る状態に置く措置を講じているときを除き、消費者が同法第548条の3第1項に規定する請求を行うために必要な情報を提供すること。

四　消費者の求めに応じて、消費者契約により定められた当該消費者が有する解除権の行使に関して必要な情報を提供すること。

2　消費者は、消費者契約を締結するに際しては、事業者から提供された情報を活用し、消費者の権利義務その他の消費者契約の内容について理解するよう努めるものとする。

---

[13] 福島成洋・上野一郎・玉置貴広・杉田香穂「消費者契約法改正の概要」NBL1224号74頁。

(3) 事業者の努力義務と宅建業者の義務との関係

　事業者の努力義務のうち、消費者契約の条項を定めるにあたって、契約内容が明確かつ平易なものになるよう配慮する義務（消契3条1項1号）に相当する規定は、宅建業法にはありません。宅建業法は、「購入者等の利益の保護と宅地及び建物の流通の円滑化とを図ること」（宅建業法1条）を究極目的とし、業務処理の原則として、取引の関係者に対し、信義誠実義務を負っています（宅建業法31条1項）。宅建業者は、相手方等が事業者であっても消費者であっても同様に信義誠実義務を負います。契約条項を定めるに当たり、契約内容が明確かつ平易なものになるよう配慮する必要性は、契約当事者が事業者か消費者かで変わりません。契約当事者が事業者であっても、宅建業者は、後日の紛争を防ぐために、契約内容を明確かつ平易なものになるよう配慮する業務上の注意義務を負っているのです。宅建業者がこの義務に違反する行為が「取引の公正を害する行為をしたとき又は取引の公正を害するおそれが大であるとき」に該当すると、指示処分の対象となります（宅建業法65条1項1号）。また、契約内容が明確かつ平易なものでなかったことにより、取引の関係者に損害を与えたとき又は損害を与えるおそれが大であるときには、指示処分の対象となります（宅建業法65条1項1号）。

　消費者契約法における事業者の努力義務のうち、契約締結の勧誘に際し、契約内容について必要な情報を提供する義務（消契3条1項2号）は、宅建業法においては、宅建業者の重要事項説明義務（宅建業法35条）、事実不告知・不実告知の禁止（宅建業法47条1号）という形で規定が設けられています。しかし、これらの規定による義務は契約当事者が消費者か事業者かで変わりはありません。買主や借主が宅建業者である場合に、重要事項説明書の交付のみで足りる（宅建業法35条6項）として義務が軽減されているくらいです。宅建業法35条は、宅地建物取引において必ず生じる「契約成立」という時点に着目し、その「契約成立までに」という取引の流れを捉えて、宅建業者に情報提供させることにより紛争を予防しようとしているのです。しかも、宅建業法35条が適用されるのは消費者契約に限られません。消費者同士の売買でも、非宅建業者の事業者間の売買でも、宅建業者が媒介として関与すれば、重要事項説明がなされる仕組みになっています。このように、宅建業法では、買主の意思決

定に重要な影響を与える事項について、契約成立までの間に積極的に情報提供させて買主に不測の損害が生じないようにすることによって、「取引の公正」を図ろうとしているのです。

消費者契約法3条1項2号は、平成30年改正により設けられ、事業者は、個々の消費者の「知識及び経験」を考慮したうえで情報提供を行うとされました。令和4年改正では、知識・経験に加えて「事業者が知ることができた」個々の消費者の「年齢・心身の状態」をも総合的に考慮した情報提供についての努力義務とされました[14]。また、定型約款の表示請求権に関する情報提供（消契3条1項3号）が設けられました。

事業者の努力義務のうち、消費者契約法3条1項4号の解除権の行使に必要な情報提供義務は、宅建業法では、いわゆる法定重説事項として重要事項説明義務の中に盛り込まれ（宅建業法35条1項8号）、37条書面の法定事項（宅建業法37条1項7号）でもありますから、契約書にも解除についての条項が設けられています。さらに、事実不告知・不実告知の禁止（宅建業法47条1号）は、「契約の申込みの撤回若しくは解除」を妨げるためという要件が規定されていることから、宅建業法は、解除権を行使する場面についても規制を設けています。宅建業法47条の規定に違反して不実告知または不利益事実の不告知をした者は、2年以上の懲役若しくは300万円以下の罰金に処し、又はこれを併科する（宅建業法79条の2）として、違反行為に対し、監督処分のみならず、罰則をも規定して実効性を担保しています。

宅地建物は、高額な財産ですから、取引により紛争が生じると、損害額も多額に上ります。契約締結前に契約当事者の属性に応じた適時適切な情報提供を受け、誰が読んでもわかるような一義的に明確かつ平易な契約条項に基づいて契約を締結することにより、後日の紛争を防ぎます。契約当事者がどのような場合に契約から離脱できるか（解除事由は何か、解除の方法はどのようなものか）を理解した上で契約を締結することはとても大事なことです。ところが、消費者は契約の締結の際には購入後の新生活等への期待があるため解除に関する情報を見落としたり、重くとらえなかったりしがちです。宅建業法35条の「売買、交換若しくは貸借の相手方」や「代

---

14　逐条解説28頁（ウェブ22頁）、山本敬三「2022年消費者契約法改正と今後の改題(3)」NBL1232号35頁。

理を依頼した者」、「取得し又は借りようとしている者」、37条の「相手方」や「契約の各当事者」、47条の「相手方」はいずれも「消費者」に限定されません。宅建業法は、宅建業者がこれらの条項に従って業務を行うことにより、結果として消費者保護に資することを目指しているということができます。

消費者契約法3条は、努力義務ですから、同条違反により取消しや損害賠償責任といった私法的効力が直ちに生じるものではありません[15]。しかし、地下駐車場の賃貸借契約において、消費者契約法3条1項をもとに、事業者の説明義務違反を認めた事案があり（名古屋地判平28.1.21 判時2304号83頁）この事案は、宅建業者が消費者に対して何をどこまで説明しなければならないかを考えるうえで参考になります。

## 【名古屋地判平28.1.21 判時2304号83頁】
〔事案の概要〕

平成25年4月から地下駐車場の一部を賃借していた賃借人が、同年9月の集中豪雨による浸水で駐車していた車が水没して廃車になったとして、駐車場の賃貸を業として営む賃貸人に対し浸水被害に関する信義則上の説明義務違反として不法行為による損害賠償を求めた。請求認容。

〔判旨〕

名古屋市内には、平成12年9月から平成25年9月までの間に浸水被害を伴う集中豪雨等が少なくとも6回発生し、平成12年豪雨及び平成20年豪雨では、この駐車場も浸水し、平成20年豪雨では駐車されていた車両にも被害が発生していた。

≪重要な事実≫

地下駐車場が浸水して車両が水没すれば、当該車両の所有者は大きな財産的損害を被ることになるから、地下駐車場において、比較的近い過去に浸水が生じ、駐車されていた車両に被害が発生したことがあるか否かは、当該地下駐車場を賃借しようとする者にとって、契約を締結するか否かを決定するうえで重要な事実である。

---

15 逐条解説24頁（ウェブ18頁）。

≪説明義務≫

　賃貸人は消費者契約法にいう事業者に当たり、消費者契約である本件賃貸借契約の締結について勧誘するに際しては、消費者の理解を深めるために、消費者の権利義務その他の消費者契約の内容についての必要な情報を提供するよう努めるべき立場にあったこと（同法3条1項）等をも考慮すると、賃貸人は、賃借人において当該事実を容易に認識することができた等の特殊事情がない限り、信義則上、賃借人に対し、本件駐車場が近い過去に集中豪雨のために浸水し、駐車されていた車両にも実際に被害が生じた事実を、賃借人又は仲介業者に告知、説明する義務を負う。

　消費者被害の多くは契約内容が不明確であったり、契約を締結するか否かの判断に影響を及ぼす事項について必要な情報の提供を受けていなかったりすることに起因します。消契3条1項は、契約内容の明確化や消費者の属性に応じた情報提供を努力義務として定めており、この努力義務を信義則上の告知・説明義務、情報提供義務の根拠とすれば、事業者の説明義務違反を問う可能性が広がる余地があることを示す判決です[16]。

## 第3▶適用対象　―　消費者性　―

　消費者契約法に基づく意思表示の取消しや契約条項の無効の主張をするためには、「消費者」であることが大前提です。
　「消費者」とは、個人（自然人）であって、「事業としてでもなく、事業のためにでもなく」契約の当事者となる主体を意味します[17]。

---

16　控訴審では、貸主の説明義務違反は認められなかったが、逐条解説24頁では、「本規定（消契3条）の義務違反が他の規定の解釈や適用に影響を与えることはあり得るものと考えられる」としており、不動産適正取引推進機構における研究会報告では、「トラブル回避のためには、売主・賃貸人・媒介業者は、認識している事実をきちんと買主・賃借人に伝える必要があることは当然である」と整理されている（RETIO122号136頁）。

17　逐条解説9頁（ウェブ6頁）、江頭・商取引法101頁。大学のスポーツクラブ（権利能力なき社団）を消費者と認めた事案がある（スポーツクラブが旅館の宿泊予約を取消した際の取消料を定めた取消料合意は「平均的な損害」を超えるとして不当利得返還請求をしたところ、裁判所は、大学のスポーツクラブを消費者と認定したうえで、不当利得返還請求を一部認容した【東京地判平23.11.17判時2150号49頁】）。

「事業者」には、二つのものがあります。第1は、「法人」及び「その他の団体」です。「法人」は、営利法人に限られません。第2は、個人が、「事業として又は事業のために契約の当事者となる場合」です（同法2条2項）[18]。

> 【消費者契約法】
> （定義）
> **第2条** この法律において「消費者」とは、個人（事業として又は事業のために契約の当事者となる場合におけるものを除く。）をいう。
> 2 この法律（第43条第2項第2号を除く。）において「事業者」とは、法人その他の団体及び事業として又は事業のために契約の当事者となる場合における個人をいう。
> 3 この法律において「消費者契約」とは、消費者と事業者との間で締結される契約をいう。
> 4 （略）

このような定義の下では、消費者か事業者かを判断する基準である「事業として又は事業のために」とは何を指すのかが重要な意味を持ちます。「事業」とは、「一定の目的をもってなされる同種の行為の反復継続的遂行」です。営利の要素は必要でなく、営利の目的をもってなされるかどうかを問いません。公益性の有無も問わず、取引内容・取引形態すらも問いません[19]。

「一定の行為の反復継続的遂行が『業』としてされたかどうかについて判定に困難な場合が少なくないが、結局、社会通念上それが事業の遂行と見られる程度の社会的地位を形成するかどうかによって決定するほかない」とされています。ある期間継続する意図をもって行われたものであれば、最初の行為も「事業として」行われたものと解されます。事業規模や形態のいかんは問いません。「事業のために」とは、「事業の用に供するために行うもの」です[20]。

不動産に関する紛争ではありませんが、ネットショップのホームページの制作を依頼した者は消費者には該当しないとした事案があります（東京高判平29.11.29判時2386号33頁）。

---

18 江頭・商取引法101頁、逐条解説9頁（ウェブ6頁）。
19 逐条解説9頁（ウェブ7頁）。
20 逐条解説10頁（ウェブ7頁）。

**【東京高判平 29.11.29 判時 2386 号 33 頁】**

〔事案の概要〕

　派遣社員Ｘは、ネットショップを経営したことも事業の自営や企業経営もしたことはなく、コンピューター技術の専門的知識や技能も有していなかったが、派遣社員を辞めて自宅でできる簡単な仕事をしたいと考え、インターネットで検索したところ、インターネットを利用する商品販売（ネットショップ）が紹介されており、Ｙ社が提供するネットショップ用ホームページ制作支援のウェブサイトを見て興味をもった。Ｙ社のサービスは、ホームページの構築、表示内容の変更のサポート等、コンピューター技術を要する専門分野についてのネットショップ運営上のサービスをその内容とし、取引関係や商流の構築（仕入れ先・販売先の開拓、取扱商品や仕入れ価格・販売価格の設定）のサポートは、契約上はサービス対象外であったが、Ｘはこのような点を理解できていなかった。

　Ｙ社の営業所を訪れたＸに対し、Ｙ社の担当者Ｆは「初心者でも簡単にネットショップはできます」、「店舗を持っていなくても成功します」などと言い、パンフレットの「目指せ月商10万円！！」という記載を示しながら、「これくらいならすぐに稼げるようになります」、「月額利用料程度の売り上げは年内に達成できますよ」などの説明をし、Ｘは、クレジット契約の事前審査の申込みをして帰宅した。Ｘは事前審査が通ったとの連絡を受けて、夫同伴の上、Ｆから説明を受けた上、ホームページ制作契約を締結した。ホームページ制作契約の内容は、教材アプリが収録されたタブレット型コンピューター及びスタートアップマニュアルの提供を含むウェブシステム構築費143万3,680円、ホームページ運営支援等の業務のサービス利用料月額1万5,000円であった。

　Ｘは、Ｆから教えてもらった卸売業者2社に商品の提供をメールで申し込んだところ、ネットショップのみで運営している新規販売代理店の募集はしていないと断られ、Ｙ社のサポートグループにメールで問い合わせたが、他の卸売業者に問い合わせをしてみたらどうかとの回答であり、その後もネットショップで売れそうな商品を仕入れる見込みは立たなかったことから、Ｙ社に相談したが、コ

ンセプトを変更してそれに合わせてホームページを変更することを提案され、それには、百数十万円の契約をし直す必要があるとのことであった。Xは、Y社に対し、消費者契約法4条1項（不実告知、断定的判断）に基づくホームページ制作契約の申込みの意思表示の取消しによる不当利得返還請求権又は不法行為（勧誘の適合性原則違反及び説明義務違反）による損害賠償請求をした。消費者契約法上の「消費者」には当たらないとして消費者契約法4条による取消しは認めなかったが、説明義務違反については一部認容。

〔判旨〕

≪Xの消費者性≫

Xは、インターネットを利用して商品を販売する事業を営むことを目的としてホームページ制作契約を締結したと認められるから、消費者契約法にいう「消費者」には該当しない。

≪不法行為：Y社の勧誘の違法性≫

Xは、Y社担当者Fに対し、これまで事業経営の経験はなく、店舗も持っておらず、今後持つ予定もないこと、商品を仕入れる業者の当てもないこと、近々派遣社員を辞める予定であり、家事や育児の合間にできる簡単な仕事を探していることなどを伝えており、本件ホームページ制作契約に基づいてY社が提供するサービス及びそれに対する対価の支払いは、このような事情をもつXには適合せず、かえって損害を与える可能性が高いものであったと認められ、Fもそのことは十分に認識していたものと推認できる。

Fは、実店舗を持たず、商品の在庫も仕入れ先も有しないXがネットショップを運営するには自ら仕入先の卸売業者を開拓する必要があり、実績のないネットショップ業者は取引に応じてもらえないことも珍しくないこと、本件ホームページ制作契約により負担すべき費用を上回る利益を上げられないリスクが無視できないことについて説明すべき義務を負っていたが、「禁句ともいうべき『初心者でも簡単にネットショップはできます』、『店舗を持っていなくても成功します』、『月商10万円位ならすぐに稼げるようになります』、『月額利用料程度の売り上げは年内には達成できますよ』というセールストークを連発してXを勧誘して」、ホームページ制作契約を締結させており、Fが説

明義務に違反したことは明らかである。Fが「月商10万円位ならすぐに稼げるようになります」などと断定的判断を提供していることに照らすと、Y社が説明義務を果たしたとは認められない。

　消費者契約法は直接的に裁判規範となる民事ルールであるため、「事業として又は事業のために」に該当するか否かは究極的な判断は裁判所によりあらゆる客観的事実を勘案して判断されます。立証責任は、当該契約に消費者契約の適用があると主張する個人が負担します[21]。宅地建物取引において消費者該当性が問題になった事案としては東京地裁平31.1.31判決があります。この事案では、事業とは、「自己の危険と計算により、一定の目的をもってなされる同種の行為の反復継続的遂行をいい、営利を目的としているかどうかは問わないが、『同種の行為の反復継続的遂行』については、あくまで社会通念に照らして客観的に事業の遂行とみることができる程度のものをいうこととされている」とし、社会通念に照らして消費者性を認めたうえで、消費者契約法の要件該当性を判断しています。

## 【東京地判平31.1.31　2019WLJPCA01318008】
〔事案の概要〕
　買主X（高校教師）は、売主業者Yとの間で投資用マンションを購入する契約を続けさまに2件（本件契約1は5月13日、本件契約2は7月7日）締結したが、①買主の金銭的負担、年末の還付金、将来の売却可能性についての不実告知（消契4条1項1号）、②空室のリスク、家賃不払いのリスク、不動産価格下落のリスク、家賃減額のリスク等の不利益事実の不告知（消契4条2項）を理由に消費者契約法に基づく取消し、詐欺取消、錯誤無効（改正前民法95条）又は公序良俗違反による無効を主張して金員の返還を求めるとともに、不法行為に基づく損害賠償支払いを求めた事案。
〔判旨：消費者該当性について〕
　「事業」とは、自己の危険と計算により、一定の目的をもってなされる同種の行為の反復継続的遂行をいい、営利を目的としているかどうかは問わないが、「同種の行為の反復継続的遂行」については、あ

---

21　逐条解説11頁（ウェブ8頁）。

くまで社会通念に照らして客観的に事業の遂行とみることができる程度のものをいう。
　Yは、「本件契約1を勧誘する際、投資用マンションの購入であることを告げたうえで、その年金的機能（退職金で残債を一括返済すれば、その後は家賃収入により年金の補完としての役割を果たせること）を中心に生命保険的機能（購入者が死亡した場合、団体信用保険から残債が払われ、遺族にはマンションと家賃収入が残ること）について説明している。」、「売主業者は、買主に対し、公務員は、原則として副業（兼業）は認められないところ、不動産投資などの資産運用に関しては副業（兼業）には該当しない等と説明している。」とし、Xが本件契約1及び本件契約2のほかにマンション経営という事業の遂行と認められるような行為をしていないことも踏まえ、このような諸事情を社会通念に照らしてみれば、Xが、事業の遂行として本件各契約を締結したと評価することはできず、Xは消費者に該当する。ただし、Xの消費者性は認めたが、消費者契約法4条の不実告知や不利益事実の不告知に基づく取消しについては認めず、請求棄却。

## 【東京地判平26.4.24　2014 WLJPCA04248024】

　マンション投資への勧誘を受けて3物件を購入したが、販売価格が適正な市場価格であるとの説明を一切受けていないとして不利益事実の不告知の主張をしたことについて、裁判所は、買主が「消費者」（消契2条1号）に該当するか否かについては触れないまま、買主の主張する「市場適正価格」は、消契4条2項の「重要事項」に該当するかについては、短期での転売を想定した取引でない本件では、「将来における対象物件の価格のような変動が不確実な事項は「重要事項」に当たらない」として、買主（原告）の請求を棄却した。⇒事案の詳細については38頁参照。

　一般に、売買契約締結当時は現実に事業を行っていなくても、ある期間継続する意図をもって行われたものであれば、最初の行為も事業として行われたものと解され、消費者契約法2条1号の「消費者」に該当しないと判断されます。これは、同種の行為を反復継続する意思で契約をすることは、社会

通念に照らして客観的に事業の遂行とみることができることによります[22]。東京地裁平成31年判決は、投資用マンションといういわば事業のためにマンションを購入した事案ですが、取引の端緒は、売主業者の従業員が買主の勤務する高校に投資用マンションの勧誘の電話をして面談することになったことは当事者間に争いのない事実であり、買主はもともと積極的に賃貸業に乗り出すつもりはありませんでした。

　さらに、退職後は収入がなくなるがそれでも返済できるか、死亡しても返済に問題がないのか（平たく言えば、借入金を完済する前に死亡したときには、その返済を肩代わりしてくれる方法はあるのか）という心配は、積極的に「事業」を展開して収益を上げるという意思と対極にあるとまでは言えないとしても、少なくとも自ら事業に乗り出すという意思がなかったことを示していると言えます。また、売主業者は、副業が禁止される高校教師の職にある買主が購入を躊躇することを見越して「不動産投資は副業（兼業）には該当しない」というセールストークを展開しています。これは、売主業者自身が、この売買契約を「事業として又は事業のために」に該当しないことを前提に契約締結を勧誘していることにほかなりません。

　このような取引の端緒やセールストークを踏まえて社会通念に照らして判断すると、買主が、事業の遂行として本件各契約を締結したと評価することはできないとして消費者性を認めた裁判所の判断は、妥当なものと考えられます。

　この事案のほか、投資用マンションに関する紛争〔東京地判平24.3.27 2012 WLJPCA03278001：認容、東京地判平26.4.24 2014 WLJPCA04248024：請求棄却〕では、買主の消費者該当性は争点とされず、むしろ、買主が「消費者」であることを当然の前提として事実不告知、不利益事実の不告知、断定的判断の提供の有無が争点になっています。これは、売主業者が買主の消費者性については争わなかったことによるものと思われます。

　投資用マンションの勧誘では、それまでアパート経営や家主業を営んだことがない買主に対し、自ら積極的に経営に乗り出さずとも、賃貸管理業者が賃貸管理を行い、借主が退去しても次の借主は見つかり、賃料収入で返済しながら小遣い稼ぎができて、仮に買主が死亡しても団体信用保険で返済ができる、相続税対策にもなるといったセールストークがなされることが多くみられます。冷静に考えれば、現代社会においては、経営努力から解放された状態

---

[22] 逐条解説10頁（ウェブ7頁）。

でリスクも冒さず利益を得られることはまずありません。退職金で残債務を一括返済すれば、確かに債務はなくなり、その後は債務の返済をせずに家賃収入を得ることができます。しかし、退職金という老後を安心して暮らせる原資は費消され、年金のほか家賃収入しかなくなるともいえますし、家賃の減額のリスクや空室リスクは常に存在します。ところが、消費者は、契約がはらんでいるこのような危険について十分な情報を持たず、仮に情報を持っていたとしても、その情報を冷静かつ適切に評価したり判断したりすることができません。また、消費者は勧誘されると断りにくくなり、また、勧誘されるとよいと思ってしまう[23]という点で必ずしも常に合理的な行動をとるわけではありません。むしろ、消費者がそのように思い込んで契約を締結してしまうことが、情報力と交渉力の格差によるものである以上、「積極的に」事業を行う目的は希薄であるとして消費者性を認めたうえで、消費者契約法4条の取消しが可能か否かを買主の落ち度や思い込みの程度、売主の説明方法等に照らして各条項の要件該当性を具体的に検討している東京地裁平成31年判決の判断の仕方は、情報と交渉力の格差を埋めるという消費者契約法の目的（同法1条）にかなった方向性を示していると言えます。

　なお、会社員として勤務する傍ら、海外からの訪日客に短期間アパートを賃貸する事業を現に営んでいる者が、事業用の借入金の繰り上げ返済をした際の手数料支払いについての特約が消費者契約法10条により無効となるとして不当利得返還請求をした事案では、消費者該当性が否定されています（東京地判平31.3.20 金融法務事情2137号88頁）。

## 【東京地判平24.3.27　2012WLJPCA03278001】
〔事案の概要〕
　Xは、売主業者Yから不動産投資を勧められて物件1は2,840万円、物件2は2,100万円で、続けさまに2件の不動産を購入した。買主の消費者該当性については争点にならず、買主が消費者契約法上の消費者であることを当然の前提として、消費者契約法4条1項1号にいう重要事項について事実と異なることを告げられたか否か、同条1項2号にいう将来における変動が不確実な事項につき断定的判断を提供されたか否か、同条2項の不実告知または不利益事実の不告知により意

---
[23] 大村・消費者法21頁。

思表示をしたかが争点となった。請求認容。事案及び判旨については31頁。

## 【東京地判平31.3.20（金融法務事情2137号88頁）】
〔事案の概要〕

　Xは、会社員として勤務する傍ら、海外からの訪日客に短期間アパートを賃貸する事業を営んでいる。XはY信用金庫との間で、信用金庫取引約定を締結した上で、これに基づき、5回にわたり、金銭消費貸借契約を締結し、Y信用金庫から融資を受けた。Y信用金庫では、事業資金等の融資のうち、貸出期間が10年超のものについて、債務者が償還期限前に融資残高全額の繰上返済を行う場合には、その返済が、融資実行日から3年以内にされるときは融資残高の1.5パーセント相当の手数料を、融資実行日から3年超5年以内にされるときは融資残高の1パーセント相当の手数料を、融資実行日から5年超10年以内にされるときは融資残高の0.5パーセント相当の手数料をそれぞれ支払う旨の特約を設けていた。Xは、本件各借入れに係る債務について、他の金融機関からの借入れにより、その残高全額の繰上返済をし、その際、本件特約に基づき、その残高の1.5パーセント相当額に消費税を加算した97万4,307円を上記返済金と共に支払った。Xは、本件特約が消費者契約法により無効であると主張して、不当利得として、支払手数料の返還を求めた。請求棄却。

〔判旨〕

　Xは、会社員として勤務する傍ら、海外からの訪日客に短期間アパートを賃貸する事業を営んでいるものであり、Xの本件各借入れは、同事業に係る物件の建築等の資金（同資金に係る他の金融機関からの借入金の借り換えも含む。）及び同事業で使用する車両の購入資金を調達するためであったことが認められる。そうすると、Xは、当該事業のために本件各借入れに係る消費貸借契約を締結したものであるから、「消費者」とされる個人から除外される。

## 第4 ▶ 意思表示の取消し（契約締結過程に関する規律）

### 1 消費者契約法4条による意思表示の取消しの類型

　消費者契約法が定める意思表示の取消しには、①誤認による意思表示の取消し（消契4条1項、2項）、②困惑による意思表示の取消し（消契4条3項）、③過量契約の取消し（消契4条4項）があります。いずれも契約締結過程に関する規律[24]ということができます。

①誤認による取消し（1項、2項）
　　i　不実告知（1項1号、5項）
　　ii　断定的判断の提供（1項2号）
　　iii　不利益事実の不告知（2項、5項）

②困惑による取消し（3項）
　　i　不退去（1号）
　　ii　退去妨害（2号）
　　iii　消費者を任意に退去困難な場所に同行し勧誘（3号）
　　iv　契約締結の相談を行うための連絡を威迫する言動を交えて妨害（4号）
　　v　社会生活上の経験不足の不当な利用（5号、6号）
　　vi　加齢等による判断力の低下の不当な利用（7号）
　　vii　霊感等による知見を用いた告知（8号）
　　viii　契約締結前の義務実施・契約目的物の現状変更（9号）
　　ix　契約締結前の損失補償請求（10号）

③過量契約による取消し（4項）

　このうち③の過量契約の取消しは、消費者が締結した消費者契約の目的となるものの分量が、当該消費者にとっての通常の分量等を著しく超えるものである場合の消費者の救済手段です。高齢化の進展の影響も受け、事業者が、認知症の高齢者その他の合理的な判断をすることができない事情がある消費者に対し、その事情につけ込んで、不必要な物を大量に購入させるといった消費者被害が発生していることから、平成28年改正において新たに設けら

---

24　四宮＝能見・民法総則281頁。

れました[25]。「当該消費者契約の目的となるものの分量、回数又は期間が当該消費者にとっての通常の分量等を著しく超えるものであること」(消契4条4項)を要件としていることから、消費者が買主であったり役務提供を受けたりする場面を想定した規定と言えます。消費者庁の解説においても、「物品、権利、役務その他の当該消費者契約の目的となるもの」の例示は「ア　物品(一般的には有体物たる動産をいう。)」[26]とされており、過量契約の取消しの対象としては動産の売買等が想定されていることが見てとれます。

不動産取引では、消費者が通常の分量を著しく超える不動産の売買や賃借をするという事案はあまり見られません。これは、不動産は一般に高額な財産であることから、消費者にとっては、融資を受けないと売買代金を支払うことができず、「通常の分量を著しく超える」不動産の購入は現実的には難しいことや、具体的な使用目的がないまま不動産の売買や賃貸借契約を重ねたりはしないことによると思われます。本書は消費者契約法について不動産取引に関する裁判例をもとに検討することから、裁判例の集積のない過量販売の取消し(消契4条4項)についてはひとまず措くことにします。

## 2　誤認による意思表示の取消し

(1)　要件

誤認による意思表示の取消し(不実告知、断定的判断の提供、不利益事実の不告知)は、以下の要件を満たす必要があります。

①消費者契約の「勧誘をするに際し」
②「重要事項」に関する事業者の一定の行為(不実告知・断定的判断の提供・不利益事実の不告知)
③消費者が、告げられた内容が事実であると誤認したこと
④これによって消費者が消費者契約の申込みまたはその承諾の意思表示をしたこと
⑤二重の因果関係の存在(②と③の間の因果関係、③と④の間の因果関係)

(2)　「事業者が消費者契約の締結について勧誘をするに際し」

「事業者が消費者契約の締結について勧誘をするに際し」という要件は、

---

25　逐条解説104頁(ウェブ82頁)。
26　逐条解説106頁(ウェブ83頁)。

消費者契約法による意思表示の取消し（消契4条）に共通する要件です。

【消費者契約法】
（消費者契約の申込み又はその承諾の意思表示の取消し）
第4条　消費者は、事業者が消費者契約の締結について勧誘をするに際し、当該消費者に対して次の各号に掲げる行為をしたことにより当該各号に定める誤認をし、それによって当該消費者契約の申込み又はその承諾の意思表示をしたときは、これを取り消すことができる。
一　重要事項について事実と異なることを告げること。　当該告げられた内容が事実であるとの誤認
二　物品、権利、役務その他の当該消費者契約の目的となるものに関し、将来におけるその価額、将来において当該消費者が受け取るべき金額その他の将来における変動が不確実な事項につき断定的判断を提供すること。　当該提供された断定的判断の内容が確実であるとの誤認

ア　勧誘

「勧誘」とは、消費者の契約締結の意思の形成に影響を与える程度の勧め方をいいます。「○○を買いませんか」などと直接に契約の締結を勧める場合が典型ですが、さらに、「その商品を購入した場合の便利さのみを強調するなど客観的にみて消費者の契約締結の意思の形成に影響を与えていると考えられる場合」も含まれます[27]。

不動産取引においては、「家を買いませんか」とか「土地を買いませんか」という直截的な表現よりも、契約目的物である宅地や建物の利便性や快適性を強調して購入意欲に訴えかけることがほとんどです。これらはいずれも「勧誘」に当たります。

イ　不特定多数に向けられた勧誘行為

宅地建物の広告の手段は、新聞の折り込みチラシや配布用のチラシ、新聞・雑誌への掲載といった古くからおなじみのものから、テレビコマーシャ

---

[27]　逐条解説47頁（ウェブ35頁）。

ルやウェブサイト上の広告（宅建業者のウェブサイトや不動産情報サイトによる広告）等多岐にわたります。これらはいずれも不特定又は多数の者を対象としています。

　消費者契約法4条の「勧誘するに際し」には、不特定又は多数の者に向けられた勧誘行為も含まれるでしょうか。これが争われたのが「クロレラチラシ配布差止等請求事件」です。この事案では、最高裁は、事業者が新聞広告により不特定多数の消費者に向けて働きかけを行うときは、「当該働きかけが個別の消費者の意思形成に直接影響を与えることもあり得るから」「事業者等による働きかけが不特定多数の消費者に向けられたものであったとしても、そのことから直ちにその働きかけが法12条1項及び2項にいう「勧誘」に当たらないということはできない」としました（最判平29.1.24 判時 2332 号 16 頁）。

## 【最判平 29.1.24　民集 71 巻 1 号 1 頁、判時 2332 号 16 頁】
〔事案の概要〕

　適格消費者団体Xが、クロレラを原料にした健康食品の小売販売等を営むY社に対し、クロレラの効用やクロレラを摂取することにより様々な疾病が快復した旨の体験談等を記載した新聞折込チラシを配布することが「消費者契約の締結について勧誘をするに際し」消費者契約法4条1項1号に規定する行為を行うことに当たるとして、消費者契約法12条1項及び2項に基づき、新聞折込チラシに商品の原料の効用等を記載することの差止等を求めた。原審は消契12条1項及び2項にいう「勧誘」には不特定多数の消費者に向けて行う働きかけは含まれないとして、Xの請求棄却。X上告。

〔判旨〕

　「事業者が、その記載内容全体から判断して消費者が当該事業者の商品等の内容や取引条件その他これらの取引に関する事項を具体的に認識し得るような新聞広告により不特定多数の消費者に向けて働きかけを行うときは、当該働きかけが個別の消費者の意思形成に直接影響を与えることもあり得るから、事業者等が不特定多数の消費者に向けて働きかけを行う場合を上記各規定にいう「勧誘」に当たらないとしてその適用対象から一律に除外することは、上記の法の趣旨目的に照

らし相当とはいい難い。したがって、事業者等による働きかけが不特定多数の消費者に向けられたものであったとしても、そのことから直ちにその働きかけが法12条1項及び2項にいう「勧誘」に当たらないということはできない。」
　本件チラシの配布が不特定多数の消費者に向けて行う働きかけであることを理由に消費者契約法12条1項及び2項にいう「勧誘」に当たるとは認められないとした原審の判断には、法令の解釈適用を誤った違法があるとしたが、Y社は、平成27年1月22日以降チラシを配布していないことから、「現に行い又は行うおそれがある」（消契12条1項）ということはできないとして、Xの請求を棄却した原審の判断は、結論において是認することができるとして、上告棄却。

ウ　不動産広告における「勧誘」
　クロレラチラシ配布差止等請求事件の判断枠組みによれば、宅地や建物の売買や賃貸の新聞折込チラシ、ウェブサイト上での掲示、モデルルームの展示などは、いずれも、「勧誘」（消契4条1項〜4項、12条1項、2項）に当たると考えられます。
　したがって、宅建業者が広告や掲示、物件資料等の提示をするにあたっては、不動産の表示に関する公正競争規約に従うことはもとより、その記載によって消費者に誤認、混同を生じさせる記載がないかを十分注意、確認しておかなければなりません。

エ　宅地建物取引において「勧誘」行為と認定されたもの
　消費者契約法4条に基づく取消しをするには、事業者による「勧誘に際し」に当たることが前提です。投資用マンションの販売に関する事案では、以下のような内容が「勧誘」に当たると認定されています。

**【東京地判平24.3.27　2012WLJPCA03278001】**
　収支のシミュレーションを示しながら、年金や生命保険は将来性の不安があるが、マンション投資は家賃収入をローンの返済に充てるから損はしない、毎月のローンの金額、家賃収入などを勘案すると、月々7,300円あまりの保険を掛けるのと同様である、将来売却した際にもローン残債を返済しても利益が出ると説明した。

〔事案の概要〕

　Xは、売主業者Yから不動産投資を勧められて物件1は2,840万円、物件2は2,100万円で、続けさまに2件の不動産を購入した。物件1では、Yの担当者はマンション投資は家賃収入があって、それを住宅ローンの返済に充てるので損をしないことを強調し、Xが、火災や地震でマンションが倒壊した場合の不安を挙げると、万が一のことがあっても損をしないようになっていると断言し、住宅ローンのシミュレーションを用意するとして次回の約束をした。5日後には、年金や生命保険の将来性の不安、マンション投資の良さを説明し、頭金、毎月のローンの金額、家賃収入などから月々7,359円の保険と同様であること、仮に将来不動産を売却する場合に、現在の物件価格から売却査定価格が10％低下したとしても、ローン残債を返して利益が出ることなどを説明した。さらに、担当者らは、無理を言って物件を押さえているので今日明日中に返事をもらいたいと言ったため、Xは急かされるままに書類にサインをし、仮契約を交わした。7日後、Xは、ファストフード店で再度担当者と会い、その席上、物件は、高台にあって場所的にはよいところであると言われた。Xは、物件が倒壊したらどうなるのかと聞いたところ、担当者は、個数を増やして立て直すので増えた部分の収入も得られること、損をすることはないと回答し、売主Yが倒産した場合の処理を聞いたところ、管理組合が存在し、別の会社に移管されるので心配ないと回答した。Xは小遣いでなんとかできるものと誤信し、売買契約を締結した。

　物件2では、ＮＴＴの関連会社の借り上げ物件なので部屋が空室になる心配はないこと、通常2,300万円であるところ、特別に2,100万円で押さえていること、シミュレーションを見せながら、頭金、住宅ローン、家賃収入などを比較して月々8,757円の持ち出しであることなどを説明した後、すぐに売れてしまうと購入を急かした。Xは、2件で月々1万6,000円程度ならば小遣いでやっていけるし、将来確実に資産になると思い、契約を締結した。

　約1か月後、マンションの査定をしたところ、物件1が2,000万円程度、物件2が1,400万円程度に値下がりしていることが判明し、不

動産鑑定士に評価してもらったところ、物件1が1,860万円、物件2が1,460万円との査定がなされた。

　Xは、売主業者Yから重要事項について不実の事実を告げられ、かつ、断定的判断の提供をされたなどとして、消費者契約法4条1項、同条2項により売買契約を取消し、不当利得による損害賠償請求をした。請求認容。

〔判旨〕
　Yは、物件1、2の客観的な市場価格を停止していないこと、家賃収入が30年以上にわたり一定であるなど非現実的なシミュレーションを提示し、Xに月々の返済が小遣い程度で賄えると誤信させたこと、その他Xが不動産投資をするに当たっての不利益な事情を十分説明していなかったなど、消費者契約法にいう重要事項についてXに不利益となる事実を故意に告げなかったため、Xはそのような事実が存在しないと誤認し、それによって契約を締結したものであるから、消費者契約法4条2項による取消しが認められる。

## 【東京地判平26.4.24　2014WLJPCA04248024】

　投資シミュレーションを示し、老後の備えに年金以外の収入をもっていた方がよい、近くに大学もありワンルームマンションの需要も多いなど場所的に良い、入居率が90％であるから安心してほしい、家賃の90％での家賃保証などの説明とともにマンション投資についての説明が記載されたパンフレットを見せたとして消費者契約法4条に基づき売買契約の取消を求めた。不利益事実の不告知、断定的判断の提供は認めず、消費者の請求棄却。

## 【東京地判平28.3.1　消費者情報478号28頁】
〔事案の概要〕
　売主業者Yの従業員Aが出会い系サイトで知り合った相手方Xに、好意を抱いていることをほのめかす態度で夕食をともにしながら投資用マンションに関する一般的な説明を行い、その後、最終的な収支見込み額について売買代金額の3割を占める約730万円もの誤差がある誤った内容の収支シミュレーション表を見せて説明した。

〔判旨〕
《不法行為》
　不法行為に基づく損害賠償請求は一部認容。従業員Aは、契約締結に係る意思決定に重要な影響を及ぼすと考えられる事項について誤った見込みを提供し、かつ、必ずしも代金額に見合った投資価値を有するとはいえない不動産の購入を勧誘したものであり、買主Xは、収支シミュレーション上の誤謬に気づくことなく、その内容が収支予測の目安となりうるものであると誤信して売買契約を締結するに至ったものと推認されることから、従業員による売買契約締結の勧誘行為は売買契約に係る買主の意思決定を誤らせたものとして説明義務違反による不法行為に該当するとして一部認容。

《消費者契約法による取消し》
　収支シミュレーション表は不動産取引の勧誘者において想定した将来の収支予測を内容とするものであって、確定的な事実を記載したものでなく、これを示された買主において確定的な事実であると認識しうる恐れがないことはその内容上明らかであるから「事実と異なること（消契4条1項1号）を告げる行為や「断定的判断」同項2号」の提供、「当該消費者の不利益となる事実」（同条2項）を告げない行為に当たるものではないとして、消費者契約法に基づく取消しは認めなかった。

## 3　不実告知・不利益事実の不告知、断定的判断の提供と告知の対象（重要事項）

　誤認による意思表示の取消しは、契約締結過程に関する規律です[28]。誤認による取消しには、①不実告知（消契4条1項1号）、②断定的判断の提供（消契4条1項2号）、③不利益事実の不告知（消契4条2項）の3つの類型があります。このうち、①不実告知（消契4条1項1号）と③不利益事実の不告知（消契4条2項）は、重要事項（消契4条5項）について適切な情報提供がなされていなかったという意味で、重要事項の説明義務違反と捉えることができます。②断定的判断の提供は、提供された情報についての評価に問題がある場合です[29]。

---
28　四宮＝能見・民法総則281頁。
29　潮見佳男編著「消費者契約法・金融商品販売法と金融取引」36頁〔潮見佳男〕。

(1) 告知の対象

あらゆる事実が不実告知や不利益事実の不告知の対象になるわけではありません。告知の対象は、消費者契約法上の重要事項(消契4条5項)です。

消費者契約法は、民法の詐欺・脅迫(民法96条)とは別に新たに消費者に契約の申込みまたはその承諾の意思表示の取消権を与えるものです。告知の対象を重要事項に限定したのは、取消権は、形成権であり、消費者の一方的な権利行使により、直ちに完全な効果が生じるという重大な私法上の権利を付与する以上、これらの行為の対象となる事項をそれにふさわしい適切な範囲に限定する必要があるためです[30]。

(2) 重要事項(消契4条5項)

---

**【消費者契約法】**

**第4条**

5　第1項第1号及び第2項の「重要事項」とは、消費者契約に係る次に掲げる事項(<u>同項の場合にあっては、第3号に掲げるものを除く。</u>)をいう。

一　物品、権利、役務その他の当該消費者契約の目的となるものの質、用途その他の内容であって、消費者の当該消費者契約を締結するか否かについての判断に通常影響を及ぼすべきもの

二　物品、権利、役務その他の当該消費者契約の目的となるものの対価その他の取引条件であって、消費者の当該消費者契約を締結するか否かについての判断に通常影響を及ぼすべきもの

三　前2号に掲げるもののほか、物品、権利、役務その他の当該消費者契約の目的となるものが当該消費者の生命、身体、財産その他の重要な利益についての損害又は危険を回避するために通常必要であると判断される事情

---

「重要事項」は、大きく分けると以下の①から③です。

①消費者契約の目的となるものの「質、用途その他の内容」であって「消費者の当該消費者契約を締結するか否かについての判断に通常影響を及

---

[30] 逐条解説118頁(ウェブ93頁)。

ぼすべきもの」(5項1号)

②消費者契約の目的となるものの対価その他の取引条件であって、「消費者がその契約を締結するか否かについての判断に通常影響を及ぼすべきもの」(2号)

③当該消費者契約の目的となるものが当該消費者の重要な利益(生命、身体、財産等)についての損害または危険を回避するために通常必要であると判断される事情(3号)

①と②は、消費者契約法制定当初から定められていました。③は、平成28年の改正で加えられました。

消費者は、①契約内容や②取引条件に該当する事項でなくても、間違った動機に導かれて契約を締結することが多々あります。よくあげられる例は、「家の土台にシロアリがいる」と事実と異なる告知をしてシロアリ駆除薬を売る場合です[31]。シロアリ駆除剤の売買契約を締結すること自体には、不実告知はありません。しかし、買主は、「家の土台のシロアリがいる」と事実に反することを告げられたから、シロアリが広がったら大変だと思ってシロアリ駆除剤を買ったのであって、土台にシロアリがいないのであれば、シロアリ駆除剤を購入したりはしません。ところが、動機部分に不実告知があった場合は、上記①や②には該当しませんから、①や②のみが重要事項であるとする改正前の消費者契約法の下では、消費者契約法に基づく取消しができません。

このように、事業者によって消費者契約を締結する必要性を基礎づける事実について不実告知がなされた結果、消費者に誤認が生じて、本来は必要のない消費者契約を締結してしまうという消費者被害を防ぐため、制定当時から重要事項とされている①、②に加えて③が規定されました。

「消費者の当該消費者契約を締結するか否かについての判断に通常影響を及ぼすべきもの」とは、「契約締結の時点における社会通念に照らし、当該消費者契約を締結しようとする一般的・平均的な消費者が当該消費者契約を締結するか否かについてその判断を左右すると客観的に考えられるような当該消費者契約についての基本的事項」をいいます[32]。したがって、消費者契約法上の「重要事項」に該当するか否かは、契約締結時点における社会通念に照らし、当該消費者契約を締結しようとする一般的・平均的な消費者を基

---

31 江頭・商取引法102頁、105頁、逐条解説118頁(ウェブ93頁)。
32 逐条解説120頁(ウェブ95頁)。

準として判断され、当該消費者契約の具体的な消費者の主観を基準とするものではありません。
(3) 不利益事実の不告知の事案では「重要事項」は拡張されない
　平成 28 年改正で動機部分についてまで「重要事項」が拡張されたのは、不実告知（4 条 1 項 1 号）のみです。不利益事実の不告知では、③は重要事項から除かれます。
(4) 消費者契約法上の「重要事項」に関する裁判例

## 【最判平 22.3.30　判時 2075 号 32 頁】
[事実の概要]
　X は、金の商品先物取引の委託契約において Y の外務員が東京市場における金の価格が上昇傾向にあることを告げたうえ、この傾向は年内は続くとの自己の相場予測を伝え、金を購入すれば利益を得られる旨説明するなどして金の商品先物取引の委託契約の締結を勧誘し、その結果、金の先物取引の委託契約を締結した。ところが、契約時点では高騰していた金の価格がこの契約の翌日に急落して 3,100 万円余りの損害が差損金として生じたとして、主位的に、Y に対し、消費者契約法 4 条 1 項 2 号又は 2 項本文により、委託契約の申込みの意思表示を取消したと主張して、不当利得返還請求権に基づき、預託した委託証拠金相当額の支払を求め、予備的に、Y の外務員から違法な勧誘を受け損害を被ったと主張して、不法行為又は債務不履行に基づき、上記証拠金相当額の損害賠償金の支払い等を求めた。控訴審は、金の商品先物取引の委託契約において将来の金の価格は消費者契約法 4 条 2 項本文にいう「重要事項」に当たるとして同項本文に基づく取消しを認め、X の主位的請求を認容。Y 上告。上告人 Y の敗訴部分を破棄、差戻し。
[判旨]
　消費者契約法 4 条 2 項本文にいう「重要事項」とは、同条 4 項（現行法：同条 5 項）において、当該消費者契約の目的となるものの「質、用途その他の内容」又は「対価その他の取引条件」をいうものと定義されているのであって」、「将来における変動が不確実な事項を含意するような文言は用いられていない」。金の商品先物取引の委託契約に

おける将来の金の価格は「重要事項」に当たらない。➡断定的判断の提供については58頁。

## 【東京地判平 26.4.24 2014WLJPCA04248024】
〔事案の概要〕
　会社員Xは、宅建業者Yから賃貸用マンション投資への勧誘を受け、続けさまに3物件を購入した。物件1について、Yの担当者は、「人気の高い吉祥寺にも近く、近くに大学もあってワンルームマンションの需要も多い」など場所的に良いと勧誘し、投資のシミュレーションを示して「月々7,238円、年間8万6,856円の持ち出しとなる」旨、「Yの販売しているマンションでは、入居率が90％で家賃保証することもできる」旨の説明をした。物件2においては、投資シミュレーションを示して「月々5,263円、年間6万3,156円の持ち出しとなる」旨の説明をし、物件3については、「このマンションはこれまでYが所有していたものを売りに出すため特別の割引をして販売するものであり、かつ、賃料に対する98％の家賃保証契約をする」として投資シミュレーションを示して説明した。Xは、物件1～3の売買契約を締結するに当たり販売価格が適正な市場価格であるとの説明を一切受けていないとして不利益事実の不告知による取消し、ないし、売買契約の動機に錯誤があり、その動機が表示されていたので契約は無効（改正前民法95条）、または、Yには説明義務違反があるとして不法行為に基づく損害賠償請求をした。請求棄却。
〔判旨〕
《不法行為》
　Y担当者がXの主張するような説明をした事実を認めるに足る証拠はないとしてYに説明義務違反の事実を認めることはできない。
《消費者契約法4条に基づく取消し》
　消費者契約法4条2項の重要事項とは、「消費者の当該消費者契約を締結するか否かについての判断に通常影響を及ぼすべきものをいい、また、当該重要事項に関連する事項とは、一般平均的な消費者が不利益事実が存在しないと誤認する程度に当該重要事項に密接にかかわりつながるものをいう。」Xのいう「市場適正価格」がどの時点の

いかなる価格を指すのかは明確でないが、「これが購入時の価格であった場合、本件契約1ないし3（物件1〜3の売買契約）はいずれも短期での転売を想定した取引とは認められず、当該情報が契約締結の判断を左右するものと考えにくいこと」、また、「これが将来の売却時における価格であった場合、消費者契約法4条2項、4項（現行：5項）では将来における変動が不確実な事項を含意するような文言は用いられていないことから、将来における対象物件の価格のような変動が不確実な事項は「重要事項」に当たらないと解するのが相当である（最高裁判所平成22年3月30日第三小法廷判決）」として、不動産の売買契約において、対象物件の市場価格が重要事項ないし重要事項に関連する事項に該当するとは認め難いとした。

## 【東京地判平28.1.22 2016WLJPCA01220610】
〔事案の概要〕

Yから居住用マンションを購入したXが、賃貸に出した場合の金利変動の可能性や住宅借入金等特別控除の適否についての説明をしておらず、むしろ、Xにこれらについて問題がないという誤認をさせる言動をとったとして消費者契約法4条1項1号、2号、同条2項による取消に基づく不当利得返還請求をした。Xは、モデルルーム訪問の際のアンケートには①購入目的欄は「自己居住用」に、②購入動機の欄は「家賃が高い、もったいない」、「結婚」にチェックをしていた。売買契約に際し、担当者から渡された書面には、「住宅ローン控除の代表的な適用例」として「以下要件のすべてを満たすことが必要です」として「①取得する不動産が自己居住用であること」「⑥購入物件の引渡しから6ヶ月以内に入居し、適用を受ける各年の12月31日まで引き続き住んでいること」を含む8要件が記載されていた。請求棄却。

〔判旨〕
《不実告知》

Xの代理人弁護士が訴訟前にYに送付した通知書には、Xがパイロットという職業柄、1か月のうち3分の2は運航先等での外泊となり、自宅に戻るのは1か月のうち10日程度しかないため、賃貸に出した場合には金利や住宅借入金等特別控除がどうなるのかと何度となく質問

したが、「大丈夫じゃないですかね」という回答がなされたと記載されている。ところが、訴訟においては、結婚して子供ができて手狭になった場合は、引っ越して賃貸に出したいという考えを持っていることを十分に認識していれば当然になすべき説明をしておらず、むしろ、Xに問題がないという誤認をさせる言動をとったと主張しており、賃貸に出す理由について通知書段階と訴訟における主張や供述等と異なっており、Xは、将来賃貸することを確定的に予定していたものではなかったことが認められるとし、Y担当者との会話の中で、将来、賃貸に出すことについて触れたことがあった可能性は否定できないが、賃貸することを検討していると明確に把握するような態様において、Xがそのような発言をしたとまでは認め難い、Y担当者が、本件不動産を賃貸に出した場合に、ローンの金利が変更される可能性について説明しなかったとし、消費者契約法4条1項1号所定の重要事項についての不実の告知に該当するということはできないとした。さらに、「住宅ローン控除の代表的な適用例」として上記のような記載があり、本件不動産を賃貸に出した場合には、住宅ローン控除の適用が受けられないことは明確であり、このような状況のもとで、Y担当者が不動産を賃貸に出した場合に同控除の適用が受けられない旨を説明しなかったからといって消費者契約法4条1項1号所定の重要事項についての不実の告知に該当するということはできない。

《断定的判断の提供の有無》

Xは、Y担当者による「損をしない」などの断定的判断の提供により、この不動産を所有していれば資産として損をすることはないと誤認した旨主張するが、Y担当者は、本件マンションの所在する地域について地価の上昇率について説明した記憶や大規模な再開発エリアの場合に、一般的には公示地価が上がる傾向にあるという説明をした記憶があると証言しているが、Xの学歴や職歴に照らしてもXは一般人と同様或いは一般人以上の知識と判断力を有していることが伺われ、Y担当者のこのような説明によってこの不動産を所有していれば資産として損することはないなどと誤認したとは容易に求め難く、経緯に照らしても消費者契約法4条1項2号所定の取消事由があるとは認められない。

《不利益事実の不告知》
　Yとは別に、金融機関の担当者がローンについてXに説明を行っていることなどに照らし、Xからの質問の有無にかかわらず、賃貸に出した場合に、ローンの金利が変更される可能性があることにつき、重要事項に該当するということはできない。不動産を賃貸に出した場合に、住宅借入金等特別控除の適用が受けられない旨を説明しなかったからといって、不利益事実の不告知には該当しない。

## 【福岡地判平16.9.22　裁判所ウェブサイト】
〔事案の概要〕
　Xは、Bと娘と住み、小型犬を飼育していたが、自宅用にマンション購入を検討しており、ペットが飼育可能なマンションを探していた。Yは、マンションの販売にあたって、購入希望者に対し、ペットの飼育は原則禁止されているが、他人に迷惑、危害を及ぼさない範囲であればできると考えられる旨説明するよう営業担当者に指示していた。Y担当者CがBに会った際、Bから本件マンショでペットが飼えるかを尋ねられたので、原則はダメだが、危害を加えるなど人に迷惑を掛けなければ、具体的には、外に出る時には籠に入れるとか抱くとかすれば問題ないと思われる旨返答した。Cはその際、X宅で飼育されている犬を実際に見た。結局、このときは、希望予算を超えること等の理由でXは、購入を断念した。
　Xは、その後も希望校区内でペット飼育が可能なマンションを探していたが、適当な物件が見当たらなかったため、再度、本件マンションの購入を検討するようになり、数回にわたり現地販売事務所を訪れ、本件マンション2号室の購入を申し入れた。その際、XらからCらに対し、本件マンションでのペット飼育に関しての質問はなかった。
　Y担当者C及びDは、売買契約締結のためX宅を訪問し、重要事項説明書を読み上げた。Dは、Xから犬を見せられたうえで、本件マンションでペットを飼育できるか尋ねられ、この程度の犬であれば特段問題はないと思う旨述べた。Xとその家族は、平成14年3月頃、飼育している犬と共に本件マンション2号室に引っ越した。平成14年5月頃、管理組合総会が開かれ、ペット飼育が問題になった。Xは、ペッ

ト飼育の可否についてYに説明義務違反があったとして債務不履行・不法行為に基づく損害賠償請求、錯誤無効（改正前民法95条）、消費者契約法4条2項による取消による不当利得返還を求めた。請求棄却。

〔判旨〕
《債務不履行・不法行為》
　マンション販売業者は、購入者に対して、制定予定の管理規約等の内容を説明する限りにおいては、ペット飼育の可否ないしその制限等についても説明する義務を負う。マンション販売業者は、将来制定される管理組合規約等の内容については、これを確定的に説明することはできないから、Yが本件マンションを販売するに当たって購入予定者に対して説明し得るのは、制定予定の管理組合規約等の内容に限られるものであり、ペット飼育の可否を含む管理に関する事項に関しても、Yは、制定予定の管理組合規約等の内容を説明する義務を負うにとどまり、それを超えてペット飼育の可否についての説明義務までは負わない。Yに説明義務違反はなく債務不履行責任、不法行為責任を負わない。

《錯誤》
　本件売買契約の当時、制定予定の管理組合規約等によれば、ペット飼育は、他人に危害を加えない、迷惑を掛けない範囲では禁止されていない、同管理組合規約等は、管理組合の議決により変更し得るという状況にあったところ、Xも、全面的にペット飼育が可能というわけではないが、他人に危害を加えない、迷惑を掛けない範囲では禁止されていない旨の説明を受け、そのとおり認識してたのであるから、この点についてXに錯誤があったということはできない。

《消費者契約法4条2項に基づく取消し》
　Xは、Y担当者C及びDに対してペットとして犬を飼育していることを示し、本件マンションにおけるペットの可否について尋ねていたのであるから、Xにとって、本件マンションにおけるペット飼育の可否は、本件売買契約において重要な事項であったといえる。しかし、Yがペット飼育の可否に関してXに告げたのは、制定予定の管理組合規約等に照らせば、Xが飼育している犬の飼育は可能と思われるところ、この管理組合規約の内容は、制定予定の管理組合規約としては通

常のものであり、Xが現に飼っているペットの飼育に関してもその管理組合規約の解釈を述べたに過ぎないことからすれば、YがXに利益になることを述べたとはいえない。したがって、不利益事実の不告知があったかを検討するまでもなく、消費者契約法4条2項に基づく取消しは認められない。

## 【東京地判平18.8.30 2006WLJPCA08308005】

　新築マンションの勧誘において、セールストークのほかパンフレット、図面集、チラシの記載に眺望、採光、通風のよさが謳われており、当該建物の眺望、採光、通風は売買契約の対象物である当該建物の住環境であること等に徴すると、当該建物の眺望、採光、通風は重要事項について買主の利益となる旨を告げたといえるとした。

〔事案の概要〕
　Xは、平成15年6月30日、Yとの間で本件マンション301号室を代金2,870万円で買い受ける売買契約を締結し、同年9月29日に引渡しを受けた。平成16年8月、本件マンション北側隣地に3階建ての作業所兼居宅が建築され、本件マンションは、隣地建物の壁で採光が奪われ、眺望、通風、景観等も失われた。北側隣地の所有者Dは、平成14年8月28日頃、本件マンション敷地の前所有者であるK地所の担当者Cに対し、北側隣地上の旧建物を取り壊して3階建て建物を新築する予定であり、マンションの入居者に後から文句を言われるのが嫌なので、2階、3階の購入予定者にはそのことを必ず伝えてほしい旨話していた。平成14年9月と11月に、K地所からYへのマンション敷地の譲渡に伴う引継ぎを行った際、K地所担当者Cは、北側隣地所有者Dが旧建物を取り壊して3階建ての作業所兼居宅に建て替えるが、その旨必ずマンションの2階、3階の購入予定者に伝えてほしい旨の要請があり、Cも購入予定者にその旨伝えると約束したことなどを話した。同年11月7日、DのもとにYの従業員Fが挨拶に来た際、CはFに対し、Dが北側隣地に3階建て建物を建てることを伝えた。Fは、同年12月にもDと面談したが、Dから建替え建物の建築資金の融資先が決まっていないことを聞かされたことから、すぐには資金調達ができないものと判断し、平成16年2月頃に作成された

本件マンションの重要事項説明書には近い将来マンション北側隣地に3階建て建物が建築される予定であるとか、本件マンションの完成後に建物の建替えがされる予定であるといった具体的な説明はしなかった。Dは、平成16年2月に3階建ての作業所兼居宅建物の建築確認を得て、同年3月から4月にかけて旧建物の取り壊しを開始し、同年6月に基礎工事に着工した。本件マンション北側隣地に3階建ての作業所兼居宅建物が完成すれば、その完成した建物南側の壁面は、本件建物北側の壁面と近接し、その結果、本件建物の洋室の採光が奪われ、眺望、通風、景観が失われる。

Xは、Yによる不利益事実の不告知を理由に消費者契約法4条2項に基づき売買契約を取消し、売買代金の返還と建物明渡による引換給付を求めた。請求認容。

〔判旨〕
《重要事項》

販売担当者Bは、売買契約の締結を勧誘するに際し、Xに対し、本件マンションの北西角の窓から公園が望める旨を告げて眺望の良さを強調したほか、配布した本件マンションの「Buon Appetio！」（たっぷり召し上がれ）と題するパンフレット、図面集、チラシに記載されている本件建物の採光や通風の良さを強調し、これらのパンフレット、図面集及びチラシにも本件マンションの眺望・採光・通風の良さが謳われていること、本件建物の眺望・採光・通風は、本件売買契約の対象物である本件建物の住環境であること等に徴すると、Yは、本件売買契約の締結について勧誘をするに際し、Xに対し、本件建物の眺望・採光・通風と言った重要事項についてXの利益となる旨を告げたというべきである。

《不利益となる事実》

Yは、本件売買契約締結当時、Dから本件マンション完成後すぐにその北側に隣接する所有地に旧建物を取り壊して3階建ての作業所兼居宅を建て替える計画であることを聞かされて知っており、しかも、DからもK地所のCを介してマンションの2階、3階の購入予定者にはその旨必ず伝えるよう要請されていたにもかかわらず、本件売買契約締結の際に、重要事項説明書に記載された一般的な説明

はしたが、Dによる旧建物の建替え計画があり、近い将来本件マンション北側隣地に3階建て建物が建築される予定であるとか、本件マンションの完成後、建物の建替えがされる予定であると言った具体的な説明はしなかった。Yは、本件売買契約の締結について勧誘をするに際し、Xに対し、本件マンション完成後すぐに北側隣地に3階建て建物が建築され、その結果、本件建物の洋室の採光が奪われ、その窓からの眺望・通風等も失われるといった住環境が悪化するというXに不利益となる事実ないし不利益を生じさせる恐れがある事実を故意に告げなかったものというべきである。

《誤認による意思表示》
　Xは、Yによる利益の告知がなされ、かつ、Yから本件マンション完成後すぐに北側隣地3階建ての建物が建築されることはないものと誤認し、Yに対し、本件売買契約の申込みをしたものというべきである。Xによる取消しを認め、Xの請求を認容。

## 【名古屋高判平30.5.30　判時2409号54頁】

　居住用土地建物について、デッキテラスからの眺望及びデッキテラスとLDKとの一体感をセールスポイントの一つとして、購入の勧誘を行っており、「重要事項又は当該重要事項に関連する事項について、当該消費者の利益になる旨を告げた」とした。

〔事案の概要〕
　Xは、Yから居住用の土地建物を購入した。この建物の南西側部分にあたるLDKには4枚の掃き出し窓に接する部分にデッキテラスが設置され、販売資料には、デッキテラスが概ね通路となるように撮影された写真があり、11枚目には、デッキテラスの写真に加え「息をのむほどの絶景展望デッキテラスは、休日のひとときやご友人を招いてのパーティーにこの上なく贅沢な時間をもたらします。ここでしか味わえない素晴らしい景色が、この邸宅のオーナー様にとっては日常のものとなります」、17枚目には「大空間リビング、スカイテラス（デッキ）」との表題の下、「LDKと続き間の和室、スカイデッキ（テラスを合わせると、約40帖の空間が生まれます）」との記載があり、Y担当者BはX夫婦に対し、デッキテラスからの眺望をセールスポイント

の一つとして説明し、販売資料を交付した。またX夫婦はBから勧められて、このデッキテラスからの夜景を眺めながらBからの説明を受けた。しかし、名古屋市風致地区条例に基づく許可申請に添付された緑化計画図は、建物の周囲には玄関ポーチを除いて本件建物を取り巻くように芝を貼ることとされており、後にデッキテラスが設置された部分にも芝を貼ることとされていた。Yが名古屋市長に対して提出した工事完了届には工事完了後の植栽及び建築物等の写真が貼付されているが、同時点では、後にデッキテラスが設置された部分を含め、許可申請時に芝を貼るとされていた部分に実際に芝が貼られていたほか、北西側の勝手口には勝手口に面する土地部分にも芝が貼られて水栓柱が設置されていた。その後、建物南西側の芝を撤去してデッキテラスが設置され、北西側の勝手口に面する土地部分の芝も撤去されてコンクリートのステップや水受けが設置された。

　Xは、3月13日までに売買代金を支払って同月15日に入居したが、同年5月、1級建築士から本件不動産が緑化率の不足のため名古屋市風致地区条例に違反している旨を指摘され、通知書により、錯誤無効（改正前民法95条）、消費者契約法4条2項により取消すこと、瑕疵担保責任に基づき解除することを記載して、売買代金9778万4100円を返還するとともに損害賠償請求をした。請求認容。消費者契約法4条2項による取消しにより、引換給付判決。

〔判旨〕
**《消費者契約法4条2項》**
　Yは、デッキテラスからの眺望及びデッキテラスとLDKとの一体感をセールスポイントの一つとして購入の勧誘を行ったものであるから、Yは、Xに対して本件不動産の購入を勧誘するに際し、重要事項または重要事項に関連する事項について、消費者の利益になる旨を告げたということができ、かつ、デッキテラスが設置され、その部分の芝が撤去された結果、名古屋市風致地区条例の定める緑化率を充足せず、条例違反の状態になっているという消費者の不利益となる事実を告げなかったということができる。

　Y自身が名古屋市風致地区条例2条1項に基づく許可を申請し、同

月10日にその許可を受け、その後、デッキテラスが設置された部分を含めて芝を貼るなどし、12月18日行為完了届を提出したが、その後まもなくデッキテラスを設置するため当該部分の芝を撤去し、そのため条例の要求する緑化率を充足しなくなったにもかかわらず、他の部分で緑化面積を確保することのないまま販売を開始したという事実経過に照らしても、Yは、条例違反の事実を認識しており、かつ、購入希望の消費者が条例違反の事実を認識していないことを知りながら、条例位違反の事実を告げなかったもの認められ、Yには緑化率の不足という条例違反の事実を認識していながら、これを消費者であるXに故意に告げなかったものと認められる。

Xは、本件不動産が緑化率の不足により名古屋市風致地区条例に違反する状態にあるという事実が存在しないと誤信したものであるところ、そのような誤認がなければ、本件売買契約と同一の条件でその申込みをしたとは考えにくい。

## 4 不実告知（消契4条1項1号）

事業者が契約締結に際して、「重要事項」について事実に反することを告げ（不実告知）、それによって告げられた内容が事実であると消費者が誤認した場合には、消費者はその契約を取消すことができます。

(1) 要件
　①消費者契約の「勧誘をするに際し」
　②「重要事項」に関する事業者の不実告知
　③消費者が、告げられた内容が事実であると誤認したこと
　④これによって消費者が消費者契約の申込みまたはその承諾の意思表示をしたこと
　⑤二重の因果関係の存在（②と③の間の因果関係、③と④の間の因果関係）

【消費者契約法】
　（消費者契約の申込み又はその承諾の意思表示の取消し）
　第4条　消費者は、事業者が消費者契約の締結について勧誘をするに際し、当該消費者に対して次の各号に掲げる行為をしたことにより

> 当該各号に定める誤認をし、それによって当該消費者契約の申込み又はその承諾の意思表示をしたときは、これを取り消すことができる。
> 一 重要事項について事実と異なることを告げること。当該告げられた内容が事実であるとの誤認
> 二 物品、権利、役務その他の当該消費者契約の目的となるものに関し、将来におけるその価額、将来において当該消費者が受け取るべき金額その他の将来における変動が不確実な事項につき断定的判断を提供すること。当該提供された断定的判断の内容が確実であるとの誤認

(2) 「事実と異なること」

　不実告知における「事実と異なること」とは、真実又は真正でないことをいいます。主観的な評価を含まない客観的な事実と異なることです。主観的な評価であって、客観的な事実により真実又は真正であるか否かを判断することのできない内容は「事実と異なること」の告知の対象になりません。たとえば、「安い」とか「お買い得」とか「良好な居住環境」といった表現は、主観的評価であって「事実」ではありませんから[33]、そのような言辞がなされたとしても不実告知や不利益事実の不告知として意思表示を取消すことはできません。下記の福岡地裁平成18年判決では、消費者契約法4条1項1号の重要事項について「事実と異なること」を告げたこと、とは、主観的な評価を含まない客観的な事実と異なることをいうから、301号室の眺望と501号室の眺望が同一かどうかということは主観的な評価を含むものであるから「事実」に該当しないとしました。

### 【福岡地判平 18.2.2　判タ 1224 号 255 頁】

〔事案の概要〕

　宅建業者Ｙが新築分譲している本件マンションは、テレビ CM では、「海のそばっていいな」という言葉が流れ、販売用パンフレットには、「全戸オーシャンビューのリビングが自慢です。」と記載され、パース（完成予想図）では、「実際とは異なる」旨の注意書きがあったものの、

---

[33] 逐条解説 49 頁（ウェブ 36 頁。）

海側には電柱その他のなんらの障害物も記載されておらず、海が近いこと、海が見えることが本件マンションのセールスポイントの一つであった。Xは、海が見えることが気に入り、同一規格である301号室と501号室とを迷っていたが、販売担当者丙に対し、ベランダからの眺望に違いがあるか尋ねたところ、丙が眺望に違いはないと答えたことなどから、301号室について売買契約を締結した。Xは、工事用の覆いをとった本件マンションを見て、301号室のベランダの前に電柱と送電線が位置していることに気づき、Yに対し、301号室に入って眺望の確認をしたいと要望するとともに電柱の移設も要望した。Xは、301号室に入って眺望を確認したが、電柱と送電線で眺望が阻害されているとして、Yに対し解約を申し出、解約ができないのであれば、他の部屋に変更することなどを求めたが、Yから電柱の移動はできない、解約や他の部屋への変更も認められない、入居しないなら違約金を請求すると言われた。Xは、Yに対し、売買契約を取消す旨の内容証明を差し出したところ、YはXに対し、違約金請求の訴えを提起し、これに対して、XがYに対し損害賠償請求の反訴提起。Xの解除、債務不履行に基づく損害賠償請求は一部認容、消費者契約法に基づく取消しは認めなかった。

〔判旨〕
《売主業者Yの債務不履行》
「建築前にマンションを販売する場合においては、購入希望者は現物を見ることができないのであるから、売主は、購入希望者に対し、販売物件に関する重要な事項について可能な限り正確な情報を提供して説明する義務があり、とりわけ、居室からの眺望をセールスポイントとしているマンションにおいては、眺望に関係する情報は重要な事項ということができるから、可能な限り正確な情報を提供して説明する義務があるというべきである。そして、この説明義務が履行されなかった場合に、説明義務が履行されていれば買主において契約を締結しなかったであろうと認められるときには、買主は売主の説明義務違反（債務不履行）を理由に当該売買契約を解除することができる。」「Yは、本件マンションの販売の際、海側の眺望をセールスポイントとして販売活動をしており、Xもこの点が気に入って5階と眺望の差異が

ないことを確認して301号室の購入を検討していたのであるから、Yは、Xに対し、眺望に関し、可能な限り正確な情報を提供して説明すべき義務があった」。301号室の電柱及び送電線による眺望の阻害は小さくないのであるから、「Yは、電柱及び送電線が301号室の眺望に影響を与えることを具体的に説明すべき義務があった」というべきであり、Yがこの説明義務を怠ったのは売主の債務不履行に当たる。Xは、301号室と501号室のいずれかにするか決定する際、丙から眺望には変わりがないとの説明を受けたので301号室に決めたものであることなどからすると、Yが説明義務を履行していれば、Xは501号室を購入して301号室を購入しなかったことが認められるから、Xは売買契約を解除することができる。

**《消費者契約法による取消し》**

「(消費者契約法4条1項1号)にいう『事実と異なること』とは、主観的な評価を含まない客観的な事実と異なることをいうところ、301号室と501号室の眺望が同一かどうかということは、主観的な評価を含むものであるから」これは消費者契約法4条1項1号の「事実」に該当しない。

(3) 事業者の故意の要否（主観的認識）

不実告知においては、事業者の故意は不要です。これは、①事業者が消費者に誤認させることを意図している必要はないこと、②告知した事実についてそれが事実に反することを事業者が認識している必要はないこと、の二つの意味を有します。①の意味では、故意が必要とされる民法96条の詐欺よりは適用範囲が広いということができます[34]。②の意味は、事業者自身に過失がない場合も含み、事業者が重要事項について「不実告知」をしたことについて無過失であっても、消費者は契約を取消すことができます[35]。不実告知は、告知の内容が客観的に真実又は真正でないことで足ります[36]。

未完成物件において、建築設計の担当者と販売担当者が異なる場合、計画変更等の情報が担当者間で共有されていなければ、販売担当者が計画変

---

34  四宮＝能見・民法総則281頁。
35  四宮＝能見・民法総則282頁。
36  逐条解説48頁（ウェブ35頁）。

更を知らずに変更前の計画をもとに説明をしてしまうことがあります。不実告知は、告知者の主観的認識に関わらず、事実と異なることを告げる場合に成立しますから、結果として事実と異なることを告げてしまった場合には、不実告知（消契4条1項1号）に当たります。

　ちなみに、宅建業法上は、契約の勧誘に際し、重要事項について事実と異なる説明をした場合には、重要事項説明義務（宅建業法35条）違反として、業務停止処分の対象となり、情状が特に重い場合には、免許の取消処分を受けます（宅建業法65条2項2号、4項2号、66条1項9号）[37]。宅建業法35条違反は説明にあたっての主観的要件は問われませんから、事実と異なることについての宅建業者の故意は不要です。

　宅建業法は、47条1号において、契約の締結を勧誘するに際し、又はその契約の申込みの撤回若しくは解除若しくは宅地建物取引業により生じた債権の行使を妨げるため、重要事項に関する事実について「故意に」不実のことを告げる行為を禁止しています。宅建業法47条1号に違反すれば指示処分、業務停止処分の対象となり、情状が特に重い場合等には免許の取消処分の対象となり（宅建業法65条1項、3項、2項2号、4項2号、66条1項9号）、罰則として2年以下の懲役若しくは300万円以下の罰金に処し、又はこれを併科する（宅建業法79条の2）、法人に対し1億円以下の罰金を科す（両罰規定、宅建業法84条1号）とされています[38]。宅建業法における不実告知（宅建業法47条1号）は、主観的要件として宅建業者の故意を要するだけではなく、「契約の締結を勧誘するに際し、又はその契約の申込みの撤回若しくは解除若しくは宅地建物取引業により生じた債権の行使を妨げるため」という目的を要件としている[39]点において消費者契約法における不実告知（4条1項1号）とは異なります。

(4)　「告げる」方法

　不実告知における「告げる」とは、必ずしも口頭によることを必要とせず、書面に記載して消費者に知悉させるなど消費者が実際にそれによって認識し得る態様の方法であれば足ります[40]。

---

37　岡本＝宇仁「逐条宅建業法」670頁。
38　岡本＝宇仁「逐条宅建業法」834頁。
39　岡本＝宇仁「逐条宅建業法」822頁。
40　逐条解説52頁（ウェブ38頁）。

## 5 不利益事実の不告知（消契4条2項）

　事業者が消費者に、「重要事項」について消費者の利益になる旨を告げ、かつ、その「重要事項」について不利益になる事実を故意に告げないことによって、消費者が誤認した場合です。不利益事実の不告知も、重要事項又は重要事項に関連する事項を対象とします。

(1) 要件
　　①消費者契約の「勧誘をするに際し」
　　②「重要事項」に関し、
　　　 i ) 利益となる旨を告げたこと
　　　 ii) 当該重要事項について消費者の不利益となる事実を故意又は重大な過失によって告げなかったこと
　　③消費者が、告げられた内容が事実であると誤認したこと
　　④これによって消費者が消費者契約の申込みまたはその承諾の意思表示をしたこと
　　⑤二重の因果関係の存在（②と③の間の因果関係、③と④の間の因果関係）

---

**【消費者契約法】**
（消費者契約の申込み又はその承諾の意思表示の取消し）
**第4条**
2　消費者は、<u>事業者が消費者契約の締結について勧誘をするに際し、当該消費者に対してある重要事項又は当該重要事項に関連する事項について当該消費者の利益となる旨を告げ、かつ、当該重要事項について当該消費者の不利益となる事実（当該告知により当該事実が存在しないと消費者が通常考えるべきものに限る。）を故意又は重大な過失によって告げなかったことにより</u>、当該事実が存在しないとの誤認をし、それによって当該消費者契約の申込み又はその承諾の意思表示をしたときは、これを取り消すことができる。ただし、当該事業者が当該消費者に対し当該事実を告げようとしたにもかかわらず、当該消費者がこれを拒んだときは、この限りでない。

(2) 不利益事実の不告知における「利益の告知」

　不利益事実の不告知による取消しをするためには、事業者が消費者の不利益となる事実を告げないという行為だけでは足りず、重要事項又は重要事項に関連する事項について、利益となる旨を告げることが必要です。

　「不告知」は、不作為であり、消極的な行為です。そこで、先行行為としての利益告知に加えて不利益事実の不告知についての故意・重過失という要件を満たした場合に、意思表示の取消しを認めたのです[41]。

　「当該消費者の利益となる旨」とは、消費者契約を締結する前の状態と後の状態とを比較して、「当該消費者」(＝個別具体的な消費者)に利益(必ずしも財産上の利益に限らない。)を生じさせるであろうことをいいます[42]。

　不動産に関する現実の取引を考えると、告知された内容が事実と異なる場合には、不実告知(消契4条1項1号)の対象となります。不利益事実の不告知(消契4条2項)は、重要事項又は重要事項に関連する事項について利益となる旨を告げた内容が事実と異なるものではなく、かつ、当該重要事項について不利益な事実について故意または重過失によって言及をしなかった場合をいい、不実告知とは少し異なる場面を対象としています。

(3) 不利益事実の不告知における主観的要件

　不利益事実の不告知は、事業者の主観的要件として、事業者の故意又は重大な過失を要します。重大な過失という要件は、平成30年改正によって追加されました。

　消費者契約法4条2項の要件に該当することは消費者が立証責任を負います。そこで不利益事実の不告知による取消しを事業者が不利益事実を故意に告げなかった場合に限定すると、消費者は自らが直接関知しないような事実について事業者が知っていたことを立証するという非常に困難なことが求められて、当該規定は実務上利用しにくいとの指摘がありました。そこで、平成30年改正で、事業者の主観的要件に「重大な過失」が追加されました[43]。

---

[41] 大村・消費者法99頁。
[42] 逐条解説57頁(ウェブ43頁)。
[43] 逐条解説759頁。

(4) 不利益事実の不告知についての宅建業法における取扱い

　宅建業法は、買主、交換により取得する者、借主が契約を締結するか否かの判断に影響を与える事項を重要事項とし、これらの者に対して重要事項説明義務を課し（宅建業法35条）ています。宅建業法35条は、宅建業者の故意や重過失は要件とされていませんから[44]、宅建業者の主観的要件に関わらず、また、利益事実の告知の有無にかかわらず、宅建業者が重要事項に関する不利益事実を告知しなかっただけで重要事項説明義務違反（宅建業法35条違反）に当たります。宅建業者がうっかり告げなかった場合でも重要事項説明義務違反に当たるのです。

　宅建業法47条における不利益事実の不告知の禁止は、宅建業者の故意が要件とされていますが[45]、主観的要件として宅建業者の故意を要するだけではなく、「契約の締結を勧誘するに際し、又はその契約の申込みの撤回若しくは解除若しくは宅地建物取引業により生じた債権の行使を妨げるため」という目的を要件としている[46]点において消費者契約法における不実告知（4条1項1号）とは異なります。

(5) 不利益事実の不告知に関する裁判例

## 【東京地判平27.7.17　2015WLJPCA07178020】
〔事案の概要〕

　賃貸住宅の賃貸人Xが賃借人Yに対し、Yの賃料不払いにより賃貸借契約を解除したとして、貸室の明渡し及び約定の賃料相当損害金の支払を求めるとともに、未払賃料及び約定の事務手数料並びに遅延損害金の支払を求めたところ（本訴）、YがXに対し、賃貸借契約は不成立若しくは無効又は取消されたとして、不当利得返還請求権に基づき、既払い賃料等から入居中の相当賃料を控除した残額の返還及び遅延損害金の支払を求め、また、Xの詐欺による不法行為があったとして、転居費用の賠償と遅延損害金の支払いを求めた（反訴）。本訴請求認容、反訴請求棄却。

〔判旨〕

　ＸＹ間において、賃貸借契約につき、外形的な意思表示の合致があっ

---

44　岡本＝宇仁「逐条宅建業法」483頁。
45　岡本＝宇仁「逐条宅建業法」826頁。
46　岡本＝宇仁「逐条宅建業法」822頁。

たことは当事者間に争いがなく、賃貸借契約について、不成立若しくは無効又は取消しうるとすべき事情は認められない。

《4条2項関係》
「不利益事実の不告知は、同項にいう利益事実の告知があった場合にのみ問題となるところ」、被告本人（Y）が利益事実の告知がなかったと供述することから、消費者契約法4条2項の取消事由があるとはいえない。

【福岡地判平16.9.22　裁判所ウェブサイト】
　ペット飼育の可否に関し、売主が買主に告げたのは、制定予定の管理組合規約等の内容であり、これは、制定予定の管理組合規約としては通常のものであり、買主が現に飼っているペットの飼育に関しても、その管理組合規約の解釈を述べたに過ぎず、買主は、当該マンションに入居する以前もマンションにおいて管理上一定の制限を受けつつペットを飼っていたことに照らせば「原告に利益になることを述べたとはいえない」。不利益事実の不告知があったかを検討するまでもなく、消費者契約法4条2項に基づく取消は認められない。事案の詳細については41頁参照。

【東京地判平18.8.30　2006WLJPCA08308005】
〔事案の概要〕
　買主が、新築分譲マンションの一室を購入したところ、1年後、北側隣地に3階建て建物が建築され、採光、眺望、通風、景観が失われたとして、不利益事実の不告知（消契4条2項）により売買契約を取り消し、売買代金の返還請求をした。請求認容。

〔判旨〕
　売主の販売担当者は、北西角の本件建物の窓からの眺望の良さを強調したほか、パンフレット、図面集、チラシの記載でも建物の採光や通風のよさを強調しており、買主に対し「本件建物の眺望・採光・通風と言った重要事項について原告の利益となる旨を告げたというべきである」

売主は、本件売買契約締結当時、隣地所有者から本件マンション完成後すぐにその北側に隣接する所有地に旧建物を取り壊して3階建ての作業所兼居宅を建替える計画であることを聞かされて知っていたのであり、しかも、隣地所有者からもマンションの2階、3階の購入予定者にはその旨必ず伝えるように要請されていたにもかかわらず、具体的な説明はしなかったことから、「本件建物の洋室の採光が奪われ、その窓から眺望・通風等も失われると言った住環境が悪化するという原告に不利益となる事実ないし不利益を生じさせる恐れがある事実を故意に告げなかったもの」といえる。事案の詳細については43頁参照。

## 【名古屋高判平30.5.30　判時2409号54項】
　居住用土地建物の売買において、デッキテラスからの眺望及びデッキテラスとLDKとの一体感をセールスポイントの一つとして、購入の勧誘を行ったことは、消費者の利益になる旨を告げたとし、芝を撤去してデッキテラスを設置したことにより、名古屋市風致地区条例の定める緑化率を充足せず、条例違反の状態となっているという消費者の不利益となる事実を認識していながら告げなかったとし、売主の故意を認め、消費者契約法4条2項による取消し、売買代金の返還請求を認めた。事案の詳細については45頁参照。

## 【東京地判平31.4.17　消費者法ニュース123号268頁（控訴審：東京高判令元.9.26 消費者法ニュース123号272頁】
〔事案の概要〕
　都立高校の教師の職にあったXは、売主業者Yから投資用マンション購入の電話勧誘を受けたことを契機に、平成23年6月20日、営業担当者Bと面会した。Bは、504号室のマンション投資についての計算例を示した上、ローンを利用して504号室を購入しても、毎月の手取り家賃額とローン返済額、管理費との差額は1万円弱であり、確定申告をすれば、節税効果も高いなどとマンション投資のメリットのみを強調して504号室の購入を勧誘した。Xは、30日に投資用マンション504号室を代金2,210万円で購入した。Bは、Xに対し、年金対策で投資用マンションを持つためには退職時に残債務をなくすことであ

り、そのためには期間限定でもう一つ投資物件を持ち、退職時に売却して得た売却益をもう一方の投資物件の残債務の返済に充てるという方法があるとして、複数のマンションに投資することのメリットのみを強調して501号室の購入を勧誘し、Xは、同年8月26日に501号室を代金2,160万円で購入した。Xは、平成26年3月中旬、501号室の入居者の突然の退去により新たな入居者への賃貸が開始されるまで約1か月分の家賃が入って来ないことを初めて経験し、今後も同様のことが起きるのではないかと不安を感じ、法律相談の上、504号室を1,900万円で、501号室を1,920万円で売却したうえ、売主業者に対し、Bの勧誘に不利益事実の不告知、詐欺的な勧誘、断定的判断の提供、説明義務違反の違法行為があったためであり、その使用者である売主業者Yは使用者責任（民法715条）を負うと主張して、損害賠償請求をした。一部認容。

【判旨】

BのXに対する勧誘において、不利益事実の不告知、詐欺的な勧誘、断定的判断の提供にあたる行為があったとまでは言えないものの、Xは高校教師の職にあったにとどまり、これまで不動産の購入や投資を一切経験したことがなく、投資に充てることのできる自己資金も僅か150万円程度に過ぎなかったから、このような属性を有するXに対し、多額のローン債務を負担させてまで各2,000万円超えのマンション投資を勧誘するBとしては、少なくともマンション投資についての空き室リスク、家賃滞納リスク、価格下落リスク、金利上昇リスク等をわかりやすく説明すべき注意義務を負っていたというべきである。Bがこのような説明を怠った以上、売主業者Yの事業の執行についてされたBの勧誘には違法行為があった（説明義務違反）があったと言わざるを得ない。したがって、その使用者であるYは使用者責任（民法715条1項）を負う。

《東京高裁の補足的判断》

裁判所は、売主業者が法令上要求される重要事項説明書に加えて、「告知書兼確認書」を示し、説明の上、買主の署名捺印等を得ているから説明義務違反はないと主張したことについて補足的判断を示している。

「告知書兼確認書」には、不動産価格が変動すること、賃料収入は保証されないこと、計算例の値も保証されないことなどが記載されていたが、証人尋問によれば、その内容を説明した旨の証言はなく、仮に説明したとしても、「告知書兼確認書」による説明に先立ち、各種リスクが生じないか無視できるほど小さいかのような不適切な説明を具体的な計算式等に基づいて詳細に行っていたことにより買主の投資判断を誤らせたことが明らかである。契約締結に至る経緯を全体的にみれば、上記「告知書兼確認書」は、売主が説明義務違反を問われないために体裁を整えただけの書面に過ぎないというほかない。

〔事案についてのコメント〕

　この事案は、もともと、使用者責任という不法行為責任に基づく損害賠償請求をしたものです。不利益事実の不告知と断定的判断の提供は、不法行為の要件としての違法性を基礎づける事実として挙げられていますが、消費者契約法4条による取消しを求めた事案ではありません。

　控訴審判決は、「告知書兼確認書」の交付に先立つ各売買の勧誘の時点において、不適切な説明がなされたことによって買主の投資判断を誤らせたことを重く見ています。契約締結に至る経緯を全体的に見て説明義務違反が認められるときは、いわば"後付け"で「告知書兼確認書」を交付し、買主がこれに署名していたとしても、それのみでは説明義務違反が払拭されるわけではないとの判断は、不動産取引における宅建業者の説明がどのようなものでなければならないかを示すものとして示唆に富みます。事業者の消費者に対する説明の適切性は、宅建業法35条による重要事項説明だけに求められるものではなく、契約全体として消費者が判断を誤ったまま契約を締結しないようにする必要があるのです。

## 6　断定的判断の提供（消契4条1項2号）

(1)　趣旨

　　断定的判断の提供（消契4条1項2号）による取消しは、契約の客体や取引条件そのものについてではなく（したがって「重要事項」についてではなく）、物の価値や価格など将来どうなるかわからない事柄について「値上がりする」とか「元本割れはしない」というような断定的判断を提

供して消費者を誤認させた場合です。消費者の契約締結に際しての動機に対する不当な働きかけがあったことを根拠に、消費者に取消権を与えるものです[47]。「断定的判断」とは、確実でないものが確実であると誤解するような決めつけ方を言います[48]。

　消費者は、商品（モノやサービス）に関して十分な情報を有しておらず、仮に、情報を有していたとしても適切にそれを評価することができません[49]。そのため、現時点で不確実な事項について事業者から断定的判断の提供を受けると、消費者が将来の見通しについて自らの評価で自律的に判断をする機会を奪われます。このような状態でなされた意思表示は、消費者の自律的判断に基づく決定とはいえないため契約の取消しを認めるのです[50]。

　民法では、断定的判断の提供は、動機の錯誤または詐欺で扱われます。動機の錯誤は、表意者が法律行為の基礎とした事情について表示されていたときに限り取消すことができます（民法95条2項、1項2号）。表示が不分明なため、民法の錯誤では救済されない場合でも、断定的判断の提供（消契4条1項2号）に当たれば、取消すことができます[51]。

(2)　断定的判断の提供による取消しの要件
　断定的判断の提供による取消しは以下の要件を備える必要があります。
　①消費者契約を「勧誘をするに際し」
　②将来における変動が不確実な事項につき事業者が断定的判断を提供すること
　③当該提供された断定的判断の内容が確実であるとの消費者の誤認
　④これによって消費者が消費者契約の申込みまたは承諾の意思表示をしたこと
　⑤二重の因果関係の存在（②と③及び③と④の間の因果関係）

◆消費者契約を「勧誘をするに際し」
　断定的判断の提供による取消しの場合にも、他の誤認による意思表示の取消しと同様、断定的判断の提供が「勧誘をするに際し」行われることを要します。

---

47　四宮＝能見・民法総則283頁。
48　逐条解説54頁（ウェブ41頁）。
49　大村・消費者法21頁。
50　潮見佳男編著「消費者契約法・金融商品販売法と金融取引」39頁〔潮見佳男〕
51　四宮＝能見・民法総則283頁。

> **【消費者契約法】**
> （消費者契約の申込み又はその承諾の意思表示の取消し）
> **第4条** 消費者は、事業者が消費者契約の締結について勧誘をするに際し、当該消費者に対して次の各号に掲げる行為をしたことにより当該各号に定める誤認をし、それによって当該消費者契約の申込み又はその承諾の意思表示をしたときは、これを取り消すことができる。
> 一 重要事項について事実と異なることを告げること。当該告げられた内容が事実であるとの誤認
> 二 物品、権利、役務その他の当該消費者契約の目的となるものに関し、将来におけるその価額、将来において当該消費者が受け取るべき金額その他の将来における変動が不確実な事項につき断定的判断を提供すること。当該提供された断定的判断の内容が確実であるとの誤認

(3)　「将来における変動が不確実な事項」

　　断定的判断の提供は、「将来における変動が不確実な事項」についてなされる必要があります。消費者契約法4条1項2号では、
　　①将来におけるその価額
　　②将来において当該消費者が受け取るべき金額
の2つを挙げています。あくまで例示ですから、これらに限られません。①や②のほか消費者の財産上の利得に影響するものであって将来を見通すことがそもそも困難であるものは、「その他の将来における変動が不確実な事項」に含まれます[52]。

(4)　主観的要件

　　消費者庁解説では、断定的判断の提供についての主観的要件は示されていません。断定的判断の提供は、主観的認識を要しない不実告知と同じ消費者契約法4条1項に規定されています。不実告知（消契4条1項）では主観的要件が明記されていないことに照らすと、事業者の主観的認識に関わらず、将来における変動が不確実な事項について確実であると誤解させるような決めつけ方がなされれば断定的判断が提供されたことになる

---

[52] 逐条解説53頁（ウェブ40頁）。

と考えられます。

　判例によれば、民法の詐欺取消し（民法96条）は、表意者を「錯誤に陥れ」て、かつ、その錯誤によって「意思を決定・表示させることを意図」していたこと、すなわち欺罔者の故意が必要とされています[53]。消費者契約法における不実告知（消契4条1項1号）や断定的判断の提供（消契4条1項2号）による取消しは事業者の主観的認識を要しないという意味で、民法の詐欺取消しよりも認められる範囲が広いことになりそうです。しかし、実際には、断定的判断の提供がなされる場合は、事業者に故意があることがほとんどです。そこで、事業者に故意がある場合に限って言えば、詐欺取消しの場合よりも救済範囲広がっているわけではなく、むしろ、「重要事項」とされる事項が限定的な分だけ（消契4条5項）、民法の詐欺取消しによる救済よりも狭いといえ、4条1項の意義は、消費者が事業者の故意を証明しなくてもよいという点に見出すことが可能であろう[54]との指摘があります。

(5)　「断定的判断の提供」

　消費者庁解説に掲載されている事例では、

・事業者の非断定的な予想ないしは個人的見解を示すこと（例えば、「この取引をすれば、100万円もうかるかもしれない」と告知すること）

・消費者の判断の材料となるもの（例えば、「エコノミストA氏は、『半年後に、円は1ドル＝120円に下落する』と言っている」という相場情報）について真実のことを（そのまま*筆者注）告げること

は断定的判断の提供には当たらないとされています[55]。

　金の先物取引に関する事案で、事業者の外務員の勧誘を「断定的判断」に当たらないとした裁判例があります。

---

53　四宮＝能見・民法総則267頁。
54　四宮＝能見・民法総則282頁。
55　逐条解説54頁（ウェブ41頁）。

【札幌高判平 20.1.25　判時 2017 号 85 頁。上告審は最判平 22.3.30　判時 2075 号 32 頁】

〔事案の概要〕
　X（消費者）は、金の先物取引の受託等を目的とする会社の外務員が、Xに対し「買えば官軍、売れば賊軍」、「買った者勝ちだと思います」などと記載されたファクシミリ文書を送付し、金の価格が上昇傾向にあることを告げたうえ、この傾向は年内は続くとの自己の相場予測を伝え、金を購入すれば利益を得られる旨説明するなどして金の商品先物取引の委託契約の締結を勧誘し、その結果、金の先物取引の委託契約を締結した。しかし、契約時点では高騰していた金の価格がこの契約の翌日に急落して3,100万円余りの損害が差損金として生じたとして、主位的に、Yに対し、消費者契約法4条1項2号により、委託契約の申込みの意思表示を取消したと主張して、不当利得返還請求権に基づき、預託した委託証拠金相当額の支払を求め、予備的に、Yの外務員から違法な勧誘を受け損害を被ったと主張して、不法行為又は債務不履行に基づく証拠金相当額の損害賠償金の支払等を求めた。第一審は、断定的判断の提供による取消しを認めず、Xの請求を棄却したためX控訴。控訴審も外交員が断定的判断を提供した事実はないとしたが、外交員らが勧誘の際、金の価格が下落する恐れがあったことなど、Xにとって「不利益となる事実」を故意に告げていなかったとして消費者契約法4条2項をXが追加請求したことにつき、消費者契約法4条2項本文（不利益事実の不告知）に基づく取消しの主張についてはXの請求を認容。

〔判旨〕
《断定的判断の提供について》
　控訴審では、「買主は、外務員から商品先物取引の仕組みや相場の変動により多額の損失を負うリスクについて、本件基本契約の締結の際に当たり説明を受けていることが認められ」、「絶対ということはないことを理解していたことが認められる」。「ファクシミリの文書の表現は、外務員が、金相場の値動きからみて今後さらに金の値が上がると自己の相場観を述べて取引を勧誘し、金の需要が増大する可能性を示す新聞記事を挙げ、仮にそうなった場合の世界的な金需要の増大や

仮に金の相場が原油同様に7倍になった場合に想定される値段を示したうえで、金取引の有望性を述べて取引を勧誘する趣旨のもので」「その表現それ自体が、一般的にみて、利益が生じることが確実であると誤解させるようなものとは認められない」として、断定的判断の提供（消契4条1項2号）に当たるとの主張は認めなかった。

最高裁もこのような事実関係によれば、外務員が消費者に対し断定的判断の提供をしたということはできないとして、控訴審の判断を是認するとともに、将来における金の価格は「重要事項」に当たらないとして消費者契約法4条2項に基づく取消しも認めなかった。➡重要事項については37頁。

(6) 断定的判断の提供に関する紛争事例

不動産取引に関する裁判例では、断定的判断の提供に当たることのみに基づいて取消しを主張するものは見当たりません。不実告知（4条1項1号）、断定的判断の提供（4条1項2号）、不利益事実の不告知（4条2項）、錯誤取消し（改正前は錯誤無効）、詐欺取消しを併存的に主張したり、いずれかを予備的請求として主張したりするのが通常です。

不実告知（1項1号）と不利益事実の不告知（2項）は、適切な情報提供がなされていなかったという意味で、重要事項の説明義務違反ですから、訴訟においては、どのような事実を告知されたか、その事実が当該契約において重要事項と言えるかを契約締結の経緯や契約目的に照らして主張立証していくことになります。

断定的判断の提供（1項2号）は、提供された情報についての評価に問題がある場合です[56]。消費者庁解説では、非断定的な予想や個人的見解、相場情報について真実を告げることは「断定的判断の提供」に該当しないとされています。しかし、実際の取引において、事業者から提供された情報が非断定的な予想や個人的見解に当たるのか、それとも4条1項の「断定的判断」に当たるのかの区別は非常に難しいものがあります。特に、消費者は、事業者やその担当者の個人的見解や非断定的な予測であっても、

---

56 潮見佳男編著『消費者契約法・金融商品販売法と金融取引』36頁［潮見佳男］では、「前者は「自己決定の基礎となる事実（情報）の表明」であるのに対して、後者は、「自己決定の基礎となる評価の表明」である点で異なるものである。前者は情報格差にかかわり、後者は交渉力格差にかかわる。厳密にいえば、後者は「情報の提供に関する民事ルール」と呼ぶに値しない。そして「事実の表明」を不当とする際の基礎と「評価の表明」を不当とする際の判断枠組みも異なるものである」としている。

これに影響を受けて意思表示をしてしまいがちです。しかも、断定的な予測であるとするには、事業者や担当者の言辞だけではなく、当事者の属性や契約締結の経緯、契約の趣旨を具体的に主張して立証しなければなりません。さらに、提供された情報についての"評価"に関わるということは、消費者側の認識と裁判所の認定とが一致するとは限らないということでもあります。そのため、訴訟において断定的判断の提供のみによる法律構成をすることは、予測が立ちにくいという点でもかなりの危険を伴います。

不動産の売買において事業者の断定的判断の提供が問題になる場合は、適切な情報提供がなされていないことが多く、不実告知や不利益事実の不告知として法律構成することが可能です。同一の事実が別の要件をも満たすことは少なくありません。消費者契約法4条1項から4項の効果はいずれも取消しですから、消費者としては、どの法律構成であっても構わないとも言え、別の要件にも該当するのであれば、敢えて法律構成を一つに絞らず、該当可能性がある法律構成を全て主張立証するのが普通です。

### 【東京地判平24.3.27 2012WLJPCA03278001】

不実告知（消契4条1項1号）、不利益事実の不告知（消契4条2項）、断定的判断の提供（消契1項2号）に基づき、2件の投資用マンションの売買契約を締結したとして、これらの売買契約の取消しを主張したが、不実告知及び不利益事実の不告知は認めたものの、断定的判断の提供は認定しなかった。➡事案の詳細については、31頁参照。

### 【東京地判平31.4.17 消費者法ニュース123号268頁（控訴審は東京高判令元.9.26 消費者法ニュース123号272頁）】

売主に使用者責任（民法715条1項）を認めたが、担当者の勧誘は不利益事実の不告知、詐欺的な勧誘、断定的判断の提供に当たる行為があったとまでは言えないとした。 ➡事案の詳細については56頁参照。

### 【東京地判平26.4.24 2014WLJPCA04248024】

〔事案の概要〕

投資用マンション3件の売買契約において、買主は、消費者契約法

4条（不利益事実の不告知、断定的判断の提供）による取消し、錯誤無効（改正前民法95条）、不法行為（説明義務違反）に基づく損害賠償請求をした。請求棄却。

〔判旨〕
不利益事実の不告知については、将来における対象物件の価格のような変動が不確実な事項は「重要事項」に当たらない。
断定的判断の提供については、マンションの売却価格がローン残債を下回ることはない旨の発言をした事実は認められない。
錯誤無効については、「税金の還付を受けるから月々の返済額が家賃収入で賄えなくても損をすることはない」旨の発言をした事実は認められない。
➡事案の詳細については38頁参照。

**【東京地判平28.3.1　消費者情報478号28頁】**

ウェブサイトを通じて知り合った売主の従業員の勧誘により、被告会社を媒介として売主から投資用マンションを購入したが、詐欺的デート商法であり、売買契約の締結を勧誘する際、修繕積立金や収支予測等に関して誤った内容の収支シミュレーション表を見せ、これに基づく情報提供を行うことにより不正確な計算に基づく収支見込みを伝えたとして、不実告知（消契4条1項1号）や断定的判断（同項2号）の提供、不利益事実の不告知（同条2項）に当たるとして、消費者契約法に基づく取消しを求め、さらに、断定的判断の提供、不実告知又は不利益事実の不告知を伴うものであるから、公序良俗に反し又は不法行為に当たると主張して不法行為に基づく損害賠償請求をした。不法行為に基づく損害賠償請求について一部認容。消費者契約法による取消しは認めなかった。

**【東京地判平28.1.22　2016WLJPCA01220 6010】**
➡　事案の詳細については39頁参照。

## 7　困惑による意思表示の取消し（消契4条3項）
(1)　類型

困惑による意思表示とは、消費者が事業者の不当な勧誘行為により困惑し、それによって消費者契約の申込みまたはその承諾の意思表示をした場合です[57]。

　この類型は、契約を締結しないと危害を加えると申し向けて相手方を脅かし、畏怖の念から契約締結の意思表示をした民法 96 条の強迫と類似します。

　事業者に危害を加えるとの意図がなく、消費者の方も畏怖までは抱かないけれども、困惑した結果、契約を締結したという場合は、強迫（民法 96 条 1 項）は成立しません。しかし、消費者が事業者の不適切な勧誘行為に影響されて自らの欲求の実現に適合しない契約を締結したのであれば、契約の成立についての合意の瑕疵は重大で決定的です。そこで、消費者契約法では、事業者から消費者への不適切な強い働きかけの回避に関する民事ルールを設けました[58]。

　困惑による意思表示の取消しには、以下の類型があります。
　　①消費者に心理的負担を抱かせる言動等によるもの
　　　・不退去（1 号）
　　　・退去妨害（2 号）
　　　・契約前の義務実施・契約目的物の現状変更（9 号）
　　　・契約前活動の損失補償請求（10 号）
　　②退去妨害と同程度の不当性のある行為
　　　・勧誘をすることを告げずに、退去困難な場所へ同行し勧誘する（3 号）
　　　・契約締結の相談を行うための連絡を威迫する言動を交えて妨害する（4 号）
　　③消費者が合理的な判断ができない事情の利用
　　　・経験の不足による不安をあおる告知（5 号）
　　　・経験の不足による好意の感情の誤信に乗じた破綻の告知（6 号）
　　　・加齢等による判断力の低下による不安をあおる告知（7 号）
　　　・霊感等による知見を用いた告知（8 号）

---

57　逐条解説 68 頁（ウェブ 52 頁）。
58　四宮＝能見・民法総則 284 頁、逐条解説 67 頁（ウェブ 52 頁）。

## 【消費者契約法】
（消費者契約の申込み又はその承諾の意思表示の取消し）
### 第4条
3  消費者は、事業者が消費者契約の締結について勧誘をするに際し、当該消費者に対して次に掲げる行為をしたことにより困惑し、それによって当該消費者契約の申込み又はその承諾の意思表示をしたときは、これを取り消すことができる。
一  当該事業者に対し、当該消費者が、その住居又はその業務を行っている場所から退去すべき旨の意思を示したにもかかわらず、それらの場所から退去しないこと。
二  当該事業者が当該消費者契約の締結について勧誘をしている場所から当該消費者が退去する旨の意思を示したにもかかわらず、その場所から当該消費者を退去させないこと。
三  当該消費者に対し、当該消費者契約の締結について勧誘をすることを告げずに、当該消費者が任意に退去することが困難な場所であることを知りながら、当該消費者をその場所に同行し、その場所において当該消費者契約の締結について勧誘をすること。
四  当該消費者が当該消費者契約の締結について勧誘を受けている場所において、当該消費者が当該消費者契約を締結するか否かについて相談を行うために電話その他の内閣府令で定める方法によって当該事業者以外の者と連絡する旨の意思を示したにもかかわらず、威迫する言動を交えて、当該消費者が当該方法によって連絡することを妨げること。
五  当該消費者が、社会生活上の経験が乏しいことから、次に掲げる事項に対する願望の実現に過大な不安を抱いていることを知りながら、その不安をあおり、裏付けとなる合理的な根拠がある場合その他の正当な理由がある場合でないのに、物品、権利、役務その他の当該消費者契約の目的となるものが当該願望を実現するために必要である旨を告げること。
　イ  進学、就職、結婚、生計その他の社会生活上の重要な事項
　ロ  容姿、体型その他の身体の特徴又は状況に関する重要な事項
六  当該消費者が、社会生活上の経験が乏しいことから、当該消費

者契約の締結について勧誘を行う者に対して恋愛感情その他の好意の感情を抱き、かつ、当該勧誘を行う者も当該消費者に対して同様の感情を抱いているものと誤信していることを知りながら、これに乗じ、当該消費者契約を締結しなければ当該勧誘を行う者との関係が破綻することになる旨を告げること。

七　当該消費者が、加齢又は心身の故障によりその判断力が著しく低下していることから、生計、健康その他の事項に関しその現在の生活の維持に過大な不安を抱いていることを知りながら、その不安をあおり、裏付けとなる合理的な根拠がある場合その他の正当な理由がある場合でないのに、当該消費者契約を締結しなければその現在の生活の維持が困難となる旨を告げること。

八　当該消費者に対し、霊感その他の合理的に実証することが困難な特別な能力による知見として、当該消費者又はその親族の生命、身体、財産その他の重要な事項について、そのままでは現在生じ、若しくは将来生じ得る重大な不利益を回避することができないとの不安をあおり、又はそのような不安を抱いていることに乗じて、その重大な不利益を回避するためには、当該消費者契約を締結することが必要不可欠である旨を告げること。

九　当該消費者が当該消費者契約の申込み又はその承諾の意思表示をする前に、当該消費者契約を締結したならば負うこととなる義務の内容の全部若しくは一部を実施し、又は当該消費者契約の目的物の現状を変更し、その実施又は変更前の原状の回復を著しく困難にすること。

十　前号に掲げるもののほか、当該消費者が当該消費者契約の申込み又はその承諾の意思表示をする前に、当該事業者が調査、情報の提供、物品の調達その他の当該消費者契約の締結を目指した事業活動を実施した場合において、当該事業活動が当該消費者からの特別の求めに応じたものであったことその他の取引上の社会通念に照らして正当な理由がある場合でないのに、当該事業活動が当該消費者のために特に実施したものである旨及び当該事業活動の実施により生じた損失の補償を請求する旨を告げること。

(2) 改正の経緯 [59]

不退去（1号）と退去妨害（2号）は、消費者契約法制定当初から規定されていました。

平成30年改正では、消費者が事業者の不適切な勧誘行為に影響されて自らの欲求の実現に適合しない契約を締結するなど消費者契約の特性を踏まえ、「困惑」を要件としながら困惑と結びつく事業者の不当性の高い行為を類型化し、明確かつ具体的な要件をもって消費者に意思表示の取消しを認める規定が新設されました（現行5号から現行10号）[60]。

令和4年には、2回の改正がなされました。「消費者契約法及び消費者の財産的被害の集団的な回復のための民事の裁判手続の特例に関する法律の一部を改正する法律」（令和4年6月1日法律第59号、令和4年6月1日公布、令和5年6月1日施行（ただし、適格消費者団体の事務に関する改正規定及び消費者裁判手続特例法に関する改正規定については、令和5年10月1日施行。以下、「令和4年通常国会改正」という。））と「消費者契約法及び独立行政法人国民生活センター法の一部を改正する法律（令和4年12月16日法律第99号、令和4年12月16日公布、令和5年1月5日施行。以下、「令和4年臨時国会改正」という。）です [61]。

◆令和4年通常国会改正

超高齢社会の進展により、高齢者である消費者の保護がより重要な課題となっています。令和4年4月1日から成年年齢が引き下げられたことで、若年成人の消費者被害の予防や救済も喫緊の課題です。さらに、平成30年改正の付帯決議では、契約の取消権の拡充についてさらなる改正を視野に入れた検討が求められていました [62]。

そこで、退去妨害と同程度の不当性のある行為として、退去困難な場所に同行して勧誘する行為（3号）、契約締結の相談を行うための連絡を威迫する言動を交えて妨害する行為（4号）、契約前に目的物の現

---

[59] 逐条解説68頁（ウェブ52頁）以下。改正の経緯と今後の課題については、山本敬三「2022年消費者契約法改正と今後の課題(1)～(4)」NBL1230号4頁以下、1231号23頁以下、1232号33頁以下、1234号10頁以下が詳しい。福島成洋・上野一郎・玉木貴広・杉田果穂「消費者契約法改正の概要」NBL1224号68頁以下。

[60] 福島成洋・上野一郎・玉木貴広・杉田果穂「消費者契約法改正の概要」NBL1224号70頁、逐条解説68頁（ウェブ52頁）。

[61] 消費者庁ウェブサイト https://www.caa.go.jp/policies/policy/consumer_system/consumer_contract_act/

[62] 大橋賢也「実務のための令和4年改正消費者契約法の考え方(1) 改正消費者契約法4条3項および8条3項について」NBL1228号26頁以下。

状を変更し、原状回復を著しく困難にする行為（9 号）が追加されました[63]。

◆令和 4 年臨時国会改正
世界平和統一家庭連合（旧統一教会）による高額な物品販売と献金による問題を受け、改正前の 6 号は必ずしも活用されていないことを踏まえ、取消権を行使できる範囲を拡大し、議員立法として制定されました[64]。

(3) 要件
困惑類型（4 条 3 項）による取消しは、以下の要件を満たす必要があります。
　①消費者契約の「勧誘をするに際し」
　②事業者の一定の行為（不退去・監禁・不安をあおる等）
　③消費者に困惑が生じたこと
　④これによって消費者が契約の申込みまたはその承諾の意思表示をしたこと
　⑤二重の因果関係の存在（②と③の間の因果関係、③と④の間の因果関係）
各要件事実の主張・立証責任は、消費者側の負担となります[65]。

## 8　不動産取引における困惑類型による取消し

(1) 過去の裁判例からみた消費者契約法4条3項による取消し
不退去（1 号）や退去妨害（2 号）は、平成 12 年に消費者契約法が制定された当時から設けられています。しかし、消費者契約法制定後 20 年以上が経過しますが、不動産取引における紛争で不退去や退去妨害を理由とした取消しの可否を争点とした裁判例は、公刊物としてはあまり見受けられず、後記【東京地判平 31.1.11 2019WLJPCA01116004】くらいです。
不動産取引において困惑による取消しがあまり使われない理由はいくつか考えられます。賃貸借契約は継続的契約であり、事業者である土地や建

---
[63] 逐条解説 71 頁（ウェブ 54 頁）。
[64] 逐条解説 73 頁（ウェブ 56 頁）。
[65] 潮見佳男編著『消費者契約法・金融商品販売法と金融取引』33 頁〔潮見佳男〕

物の賃貸人は目的物を使用収益させる義務を負います。賃借人の1回の滞納では信頼関係が破壊されたとまでいうことは難しく、数回の滞納の後、催告を経て契約を解除しても、賃借人による任意の明渡しがなされなければ強制執行が必要です。したがって、事業者である賃貸人としては、不適切な勧誘行為により消費者を困惑させてまで賃貸借契約を締結させることによるメリットはほとんどありません。

　不動産売買において、消費者契約法4条3項による取消しが見られない理由は、大きく二つあります。一つは、不動産が高額な財産であるため、買主が消費者である場合には、金融機関からの融資を受けなければ購入できず、融資審査の結果が出るまでに一定の時間がかかることから、その間に消費者が困惑から脱却できる可能性があることです（ただし、消費者契約法4条3項3号イ（現行4条3項5号イ）により、マンションの売買契約を取消した事案として東京地判令4.1.17）。もう一つは、消費者契約法4条3項が行為類型を分類して細分化し、各要件を個別具体的かつ詳細に規定しているために、要件として求められている行為態様が不動産売買の取引の流れや宅建業者の勧誘行為に当てはまりにくいことです[66]。

(2)　不動産売買における1号から4号による救済の可能性

ア　消費者が買主の場合

　不動産は高額な財産ですから、消費者が買主となる場合には、融資を得ないと購入できないことがほとんどです。1号から4号に該当するような事案では、融資審査の結果が出るまでに一定の時間がかかることから、その間に消費者が困惑から脱却する可能性があります。1号から4号に該当するような事案においては、困惑を解かれた消費者は、本当は契約を締結したくないと考えていますから、融資申込手続をなかなか行わないとか、金融機関による審査に積極的に努力せず、融資が実行されないことはあり得ます。しかし、買主の努力義務違反によって融資を受けることができなかったときは、買主はローン特約解除ができません[67]。買主が融資成立に向けた努力をしなかったとしてローン特約解除が認められない場合、買主は決

---

[66]　釜谷理恵「実務のための令和4年改正消費者契約法の考え方（3・完）今後の課題と改正への展望」(NBL1232号58頁では、「法4条3項各号は、事業者の行為態様を個別具体的かつ詳細に定めているため、文言の拡張解釈等の柔軟な解釈により救済を図ることに限界がある。その結果、実質的には法4条3項各号と同程度の不当性を有する消費者を困惑させる行為であっても形式的には各号の要件に該当しないため、消費者は契約を取り消すことができない」と指摘されている。

[67]　岡本＝宇仁・事案分析の手法283頁以下。買主の融資成立への努力義務違反によってローン解約が認められなかった裁判例として東京地判平10.5.28（判タ988号198頁）、東京地判平26.4.18（WLJPCA04188006）等。

済期日に残代金の支払いができませんから、売主（事業者）が債務不履行解除の上、買主に対し違約金請求する可能性はあります。売主が、違約金請求訴訟を提起すると、買主からは不当な勧誘行為により契約締結に至った経緯が主張されることが予想されます。しかし、訴訟において買主である消費者が売主の不当な勧誘を立証することはそれほど容易ではありません。そういう意味では、買主としては、ローン特約解除が認められなくなって、売主から違約金請求がなされる可能性が残る以上、融資の申請を引き延ばしたり拒んだりするよりは、不等な勧誘行為を理由に契約関係から早期に離脱する方法として、消費者契約法4条3項による取消しの方が意味があります。

　消費者契約法4条3項3号、4号は、退去妨害と同程度の不当性のある行為として令和4年通常国会改正により追加されました。3号は、「勧誘をすることを告げずに」「消費者が任意に退去することが困難な場所であることを知りながら」事業者が「消費者をその場所に同行」してその場所において消費者契約の締結について勧誘することを要件としています。たとえば、アンケートに回答してほしいなどといって、通行人を雑居ビルの一室に連れていってその場所で消費者契約の締結について勧誘する場合などが典型例とされています。しかし、不動産の売買は、高額な代金支払いを伴うものであり、このような形で勧誘される事案はそれほど散見されるわけではありません。また、消費者契約法4条3項3号、4号は、現実には、「勧誘することを告げ」たかどうか、「任意に退去することが困難な場所」といえるかどうか、事業者が「同行し」たかどうかが争点になると言われています[68]。さらに4号は、消費者が「消費者契約の締結について勧誘を受けている場所において」、当該消費者が「当該消費者契約を締結するか否かについて相談を行うため」に「電話その他の内閣府令で定める方法によって」事業者以外の者と「連絡する旨の意思を示した」にもかかわらず、「威迫する言動を交えて当該方法によって連絡することを妨げ」ることを要件としています。過去に集積された裁判例を見ても、「相談したい」と言っている消費者に対して、あからさまに「威迫する言動を交えて」「連絡することを妨げ」るのではなく、「あなたのために特別に物件を押さえている」「今日中に返事をしないとこれ以上押さえていられない」などと契約締結を急がせ

---

[68] 大橋賢也「実務のための令和4年改正消費者契約法の考え方(1)」NBL1228号27頁。

て、消費者に十分に検討するいとまを与えないままに契約を締結させるという事案が多くみられます。このような事業者の行為態様に照らすと3号以下に規定されている要件に該当することが難しい事案も少なくありません。しかし、3号以下の要件に該当しなくても、不退去（1号）や退去妨害（2号）による取消しにあたれば、消費者救済の有効な手段となります[69]。

　後記裁判例では、買主は「消費者」（消契2条1項）に該当しないとして消費者契約法の適用外とされたものの、契約締結に至る経緯や、契約締結後違約金支払書を作成するまでの経緯を丁寧に認定し、売主業者の担当者による不適切な勧誘行為に照らし、違約金全額の支払請求を認めることは当事者の公平を著しく損ない不当なものとして、約定では売買代金額の2割であった違約金の額を1割に減額しました。

　消費者契約法4条3項各号の要件に該当しない場合でも、契約締結に至る経緯から売主の勧誘行為の不当性を認めて、違約金を減額した下記の東京地裁平成31年判決の判断は、困惑類型における消費者の救済を検討する際の有効な指針になります。

### 【東京地判平31.1.11　2019WLJPCA01116004】
〔事案の概要〕

　消費者とマンションの売買契約を締結した売主業者が、買主の契約違反によって解除したとして、買主に対し、違約金条項に基づき、売買代金額の20％に相当する違約金の支払いを求めたところ、買主が、錯誤無効（改正前民法95条）、消費者契約法4条2項、同条3項1号、信義則違反の主張をした事案。請求した違約金額を売買代金額の1割に減額し、一部認容。

〔認定事実〕

　売主業者の担当者Aは、平成28年8月3日、電話でマンションの購入を持ち掛け、翌4日にはM市内にある買主の社員寮を訪れて購入を勧めた。

　買主は、当初は購入に前向きであったが、8月中には契約締結に

---

[69] 大橋賢也「実務のための令和4年改正消費者契約法の考え方(1)」NBL1228号28頁では「新3号は、要件を細分化し、各要件を厳しく設定しているため、被害者救済に活用することが難しいという点で、問題がある」と指摘し、「消費者が退去の意思を示しているのであれば、従前の退去妨害を理由とした取消し（2号）を活用すべきである」としている。

は至らなかった。

　Aとその上司で宅地建物取引士の資格を有するBは、9月2日にM市を訪れ、3日に面会を求めた。買主は、メールで「またの機会にしてもらえませんか」と伝えたが、AとBとは9月4日午前7時前に買主の社員寮を訪れ、売買契約の締結を求め、20分弱程度の滞在時間の中で、玄関で、売買契約書を作成し、Bが重要事項説明も行った。

　売買契約の際、違約金についての説明はされたが、買主に契約書の写しは交付されず、売買契約書上は手付金の額が10万円とされていたが、手付金の授受は行われず、手付解除の期限についても特に合意されなかったため空欄になっている。

　融資承認予定日は9月27日とされていたが、買主は、融資に間に合うように必要書類の収集、提出を行わず、銀行との面談予定日である9月28日の前日（27日）の夜になって体調不良で28日に検査が必要になったとしてメールでBに伝え、その後音信不通となった。

　AとBは、9月30日夕方頃から買主の社員寮で買主の帰宅を待ち、午後10時頃に酒に酔った状態で帰宅した買主に対し、売買契約を解約するのであれば書面を作成してほしいなどと説明や説得を30分以上続けて、持参した契約解除通知書と436万円の違約金を支払う旨の覚書に署名をさせた。

〔判旨〕

　売買契約成立の際に違約金も含めて重要事項説明は行われているから、違約金についての合意も成立し、買主の契約違反により売主が売買契約を解除したと言え、売主業者は買主に対し、売買契約書の違約金条項に基づき違約金の支払請求ができる。

《消費者契約法の適用の可否》

　買主は、投資用のマンションを既に3件所有し、さらに投資用として本件物件を購入しようとしたものであるとして、「消費者」（消契2条1項）に当たらない。仮に、その点を措くとしても、買主が「重要事項」にあたると主張する融資承認期限について、売主業者の担当者が不利益となる事実を故意に告げなかったとは認められないし、買主が退去すべき意思を表示したにも関わらず、売主業者の担当者が退去しなかったとは認められない。

《信義則違反》
　前日に買主から面会の先延ばしの希望をメールで伝えられていたにもかかわらず、9月4日の午前7時前という時間帯に社員寮を訪れて、20分弱の滞在時間で本件売買契約書の作成と重要事項説明を行った売買契約締結の経緯は、買主に慎重な検討と判断をさせるための配慮を著しく欠くものであったといわざるを得ない（なお、Bは宅地建物取引士であり、当然にかかる配慮をすべき立場にある。）。
　マンションの購入に必ずしも積極的ではなかった中で売買契約を締結してしまった買主にとっては、手付解除は、契約を解消する重要な手段であるが、契約締結時に手付金の授受がされず、手付解除の期限も定められないなど、手付解除についての取決めが曖昧にされており、売買契約書の写しも交付されなかったことから、買主は、手付解除の可否について検討や交渉することを思いつくこともなく、融資申込手続を懈怠するという契約不履行に及んでしまった。
　解除通知書が作成された9月30日から2か月後に、第三者に売却できていることから、原告に実際に生じた損害は、436万円という違約金の額に比べて比較的軽微なものである。
　436万円の違約金を支払う旨の覚書は、売主業者の担当者が、事前の連絡なく夜に買主の社員寮に押し掛け、売買契約書の写しを交付されていなかった買主に対し、契約書を示すなどして違約金条項について改めて説明することなく、書面を作成して欲しいなどと30分以上にわたって説得して作成させたものであり、買主がその内容を正確に把握、理解して作成されたものということはできないから、覚書によって被告が436万円の違約金を支払う旨の意思表示をしたと認めることはできない。
　売主業者が消費者に対し、「約定の違約金全額の支払を求めることができるというのは、当事者の公平を著しく損ない、不当なもの」といわざるを得ないとして、請求できる額は、信義則上、売却代金の1割に相当する218万円と認めるのが相当である。

　以下の裁判例は、買主の融資成立に向けた努力義務違反に当たるとしてローン特約解除が認められなかった事案です。

## 【東京地判平 10.5.28 判タ 988 号 198 頁】
〔事案の概要〕
　共同買主XとAは、売主業者Yと売買契約を締結し、Xが甲銀行に融資を申し込んだが、Aは、連帯保証人となることを拒み、共同買主となることまで難色を示した。Xは、ローン特約解除の上手付金返還請求をした。請求棄却。

〔判旨〕
　本件売買契約においては、XのみならずAも共同買主となっているのであるから、仮に、ローン自体の当事者はXのみであっても、Aもまた本件売買契約に基づき、Xのローン契約が無事に締結できるよう協力すべき信義則上の義務を負っている。Aは、共同買受人という立場にあったにもかかわらず、Xの連帯保証人となることを拒み、さらには共同買受人となることにまで難色を示し、最終的にいわゆる連帯保証型のローンを不奏功に追いやっているのであるから、Aの行為は信義則上の義務に反するものと言わざるを得ない。これと同じ時期にXが当初申告しないでいた高血圧症を自主的に申告したことによって団体信用生命保険の審査が最終的に否決されていることをも併せ考えるならば、本件においてローンが実行されなかった原因は、X側の責に帰すべき事由によるものと言わざるを得ず、ローン特約解除は許されない。

## 【東京地判平 26.4.18 WLJPCA04188006】
〔事案の概要〕
　XはYからアパートを購入するに当たり、媒介業者を通じて金融機関に事前相談を行い、金融機関から示された融資条件の内容を認識した上で本件売買契約を締結したが、売買契約締結後、この融資条件に従った融資申込をせず、融資承認がなされなかったことから、ローン特約解除をしたところ（本訴）、Yは、Xに対し、債務不履行（残代金支払い義務違反）に基づく違約金請求をした（反訴）。Xの請求棄却、Yの請求認容。

〔判旨〕
　いわゆるローン条項は、買主において、金融機関から融資が受けら

れず、そのために残代金を支払うことができなかった場合でも、手付金の放棄や違約金の負担をすることなく買主が売買契約を白紙解除することができるという、買主を保護するための条項であって、一般にこのような条項が売買契約に付される場合、売買契約の締結に先立ち買主側で金融機関に事前相談を行い、融資の見通しを示された上で売買契約を締結し、この見通しに沿って融資の申込み（本申込み）を行うことが予定されていることからすると、ローン条項が適用される融資の申込みとは、金融機関から示された見通しに沿った内容での申込みと解するのが、売主及び買主双方の通常の意思にかなうものであり、買主が所定の期間内に本件融資条件に沿った融資申込み（本申込み）をしたにもかかわらず融資の承認が得られなかった場合に適用される。Xらは、本件融資条件に沿った融資の申込みをしたということはできないから、本件ローン条項に基づく売買契約解除の要件を満たしていない。

イ　消費者が売主の場合

　不動産取引においては、買主が消費者の場合に消費者契約法4条3項を理由に取消しが認められた事案はそれほど多くありません。しかし、売主が消費者の場合には、不退去（消契4条3項1号）や退去妨害（消契4条3項2号）は、取消しの有効な手段になり得る可能性があります。昨今は、都市部におけるマンション用地の不足から、消費者を売主、事業者を買主とする土地の売買において不退去や退去妨害に該当する事案が現実に起こっていると言われています[70]。事業者が土地の購入を目的として、土地所有者である消費者のもとに日参してウンと言うまで帰らず、土地所有者を困惑させて売買契約を締結させるようないわゆる"押し買い"の事案においては、不退去（消契4条3項1号）や退去妨害（同項2号）を理由とした取消しにより救済できる可能性があります。

(3)　不動産取引における9号、10号の適用の可能性

ア　9号、10号の新設

　　困惑類型（消契4条3項）には、消費者に心理的負担を抱かせる言動

---

[70] 地上げの対象となっている土地上の建物賃借人に対する交渉の不当性を指摘したものとして、NHKクローズアップ現代・初回放送日2023年4月3日午後7時30分
https://www.nhk.jp/p/gendai/ts/R7Y6NGLJ6G/blog/bl/pkEldmVQ6R/bp/pjyb7pg203/

等によるものとして、不退去（1号）、退去妨害（2号）のほかに、契約前の義務実施・契約目的物の現状変更（9号）と契約前活動の損失補償請求（10号）があります。いずれも、消費者が消費者契約の申込みまたは承諾の意思表示をする前に、「当該消費者契約を締結したならば負うこととなる義務の内容の全部もしくは一部を実施し、又は当該消費者契約の目的物の原状を変更」（9号）したり、「事業者が調査、情報の提供、物品の調達その他の当該消費者契約の締結を目指した事業活動を実施した場合」（10号）が要件となっています。

イ　不動産賃貸借における9号、10号の適用の可能性

　　不動産の賃貸借において9号や10号の適用が問題になる事例はほとんどないのではないかと考えられます。なぜなら、不動産の賃貸業を営む貸主は事業者であり、消費者契約に当たるのは借主が消費者である場合です。賃貸人の義務は、賃貸目的物を使用収益させることであり、具体的には賃貸目的物を引き渡すことです。借受け希望者が賃貸借契約の申込みまたは承諾の意思表示をする前に、賃貸人が賃貸目的物を引き渡すことはあまり考えられません。賃貸目的物の現状変更についても、契約の申込み前に賃借希望者の求めに応じて現状変更をすることも通常はありません。

ウ　不動産売買における9号、10号の適用の可能性

　　不動産売買においては、9号が適用される事案はそれほど多くないと考えられます。事業者が売主の場合には、目的物の引渡しと登記移転義務が売主の義務ですから、買主である消費者が買受けの申込みまたは承諾の意思表示をする前に、売主業者が目的物の引渡しや登記移転をすることはないでしょうし、事業者が買主の場合は、売主である消費者が売却の申込みまたは承諾の意思表示をする前に買主である事業者が売買代金の一部を支払うことも、まずないと考えられます。

　　10号は、「事業者が調査、情報の提供、物品の調達その他の当該消費者契約の締結を目指した事業活動を実施」することが要件となっていますから、不動産の売買において適用の可能性がないとまでは言えません。

　　売主が事業者ではあるが、非宅建業者である場合には、売主自ら物件調査や権利関係の調査を行うよりは、宅建業者の媒介を委託し、宅建業者に物件調査を任せることがほとんどです。不動産の媒介は、成約して初めて委託者に対して報酬請求ができますが、契約の成否にかかわらず、物

件調査や権利調査について費用請求することはできません。媒介業者が委託者に対し費用請求すると、宅建業法違反として監督処分の対象となります。その結果、売主から買主に対し、調査等の事業活動を実施したとして契約を迫ることはあまり考えられません。売主が宅建業者の場合には、宅建業法35条によって、売買目的物について契約を締結するか否かの買主の判断に影響を与える重要事項について調査義務、説明義務を負っています。したがって、売主業者は、重要事項について「調査、情報の提供」をしなければならず、これらの調査を行ったことを理由に契約締結を迫ることはできません。契約が成立しなくても調査結果は別の買主との間で利用できますから、売主業者にとって不利益となるわけではありません。

　事業者が買主の場合には、ローマ法以来の「買主注意せよ」の原則の下、買主である事業者が売買目的物についてなしうる調査をすること自体は当然のことです。しかし、「押し買い」事案においてはこのような調査をしたことを理由として契約の成立を迫ることもあるようです。買主である事業者が宅建業者である場合には、調査等の契約前活動の損失補償請求をする行為が、「取引の関係者に損害を与えたとき又は損害を与えるおそれが大であるとき」（宅建業法65条1項1号）又は「業務に関し取引の公正を害する行為をしたとき又は取引の公正を害するおそれが大であるとき」（同項2号）に該当すれば指示処分の対象となり、宅建業者の行為態様によっては、「不正又は著しく不当な行為」（同条2項5号）として、業務停止処分の対象となります。

　消費者庁解説では、「不動産販売の勧誘で会ってほしいと言われてファミレスで3回会って食事しながら説明を受けた。食事代は事業者が支払った。不動産の見積額が高いので4回目の面会時に契約を断ると、飲食代の領収書を見せながら『契約してくれなければ大損だ』と言った」（事例4-50）[71] 事例が挙げられています。しかし、不動産という高額の目的物の売買を検討している消費者にとっては、ファミリーレストランでの3回分の食事の領収証を見せてもそれほどインパクトがあるとは思えません。「契約してくれなければ大損」と申し向ける行為は、多少のおかしみはあっても困惑を生じさせたりはしないのではないかと考えられます。仮に、消費者に困惑が生じたとすれば、損失の補償を請求されたからではなくファ

---

[71] 逐条解説101頁（ウェブ79頁）。

ミリーレストランでの3回分の食事代について、消費者が「では、払います」と言ったのに聞き入れてもらえず、帰るに帰れず、契約締結を迫られて困惑に陥ったことによる方がありそうです。そうだとすれば、10号ではなく、2号の退去妨害による取消しの方が素直です。

⑷　不動産売買における5号から8号による救済の可能性

ア　5号

　5号は、願望の実現に過大な不安を抱く対象が、「イ　進学、就職、結婚、生計その他の社会生活上の重要な事項」「ロ　容姿、体型その他の身体の特徴又は状況に関する重要な事項」に限定されています。このうち、不動産取引において適用される可能性があると考えられるのは、「生計その他の社会生活上の重要な事項」についての願望の実現についての不安でしょう。問題は「過大な不安」という要件です。「消費者の誰もが抱くような漠然とした不安を抱いているにとどまるような場合は、本要件の対象とはならない」[72] ことから、訴訟で争われた場合には、この要件が争点になります。

イ　6号

　6号は、「当該消費者契約を締結しなければ関係が破綻する」ことを告げることを要件としています。不動産取引に関しては、恋愛心理を逆手にとった悪質な勧誘行為が信義誠実の原則に著しく違反するものとして不法行為に基づく慰謝料請求を認容した事案はあります【東京地判平26.10.30（金融商事判例1459号52頁、RETIO129号61頁）】。この事案は、交際が実現するかのような期待を抱かせ、その感情を利用して契約を締結させたものです。【東京地判平28.3.1　2016WLJPCA03018007、RETIO129号61頁】も好意を抱いていることをほのめかす態度で投資用マンションの購入を勧誘したものです。いずれの事案も購入者が相手によく思われたいとかこのまま交際を維持したいという気持ちを有していることを利用した点で卑劣ではありますが、「契約を締結しなければ関係が破綻する」とまで告げたものではありません。不動産は、高額な財産ですから、「この不動産を買ってくれなければ別れる」と告げられると、却って心情を疑われて怪しまれ、契約締結にいたらない可能性がありますし、「（所有している不動産を）売ってくれなければ別れる」と言われると、怪しさの度合いはさらに増します。このように、不動産売買では、「関係が破綻することになる

---

[72] 逐条解説82頁（ウェブ64頁）。

旨を告げる」要件を満たす場合は少ないのではないかと考えられます。
ウ　7号

　7号は、加齢又は心身の故障によりその判断力が著しく低下していることから「生計、健康その他の事項に関しその現在の生活の維持に過大な不安を抱いていることを知りながら」という要件と「その不安をあおり、裏付けとなる合理的な根拠がある場合その他の正当な理由がある場合でないのに、当該消費者契約を締結しなければその現在の生活の維持が困難となる旨を告げること」という要件を必要としています。

　超高齢社会が進展する中で、認知症の高齢者のみならず、「加齢又は心身の故障によりその判断力が著しく低下している」高齢者等が、言われるがまま自宅を売却して住むところを失うなど、自らの生活に著しい支障を及ぼすような内容の契約を締結してしまう消費者被害は多発しています[73]。しかし、7号による取消しは、消費者の判断力そのものではなく、判断力の低下による生活の維持への過大な不安とその不安に乗じて現在の生活の維持が困難となる旨を告げるという要件を満たすことが必要であるため、単に判断力の低下に乗じて契約を締結させられたような場合には、直ちに要件を満たすとは言えない場合もあると考えられます[74]。消費者庁解説は、「物忘れが激しくなるなど加齢により判断力が著しく低下した消費者の不安を知りつつ『投資用マンションをもっていなければ定期収入がないため今のような生活を送ることは困難である』と告げて当該消費者に高額なマンションを購入させた」事例を挙げています（事例4−42）[75]。これは、高齢者である消費者が買主となる事案です。消費者は融資を受けなければ高額な投資用マンションを購入することができないのが普通です。「加齢により判断能力が著しく低下した消費者」が融資審査を経て融資を受けられるかどうかは予測ができませんから、融資を要する事案では、融資手続が事実上の歯止めになる可能性があります。しかし、一人暮らしの高齢者の自宅

---

[73] 大橋賢也「実務のための令和4年改正消費者契約法の考え方(1)」NBL1228号31頁。
[74] 「消費者契約に関する検討会　報告書（令和3年9月）」8頁では「超高齢社会が進展する中で、認知症高齢者等の消費者被害が深刻化している。これまでも、平成28年改正により過量契約取消権（法第4条第4項）を創設し、平成30年改正により判断力の著しい低下による不安をあおるような告知を困惑類型に追加する（法第4条第3項第5号）等の対応をしてきたが、判断力の著しく低下した消費者が、自宅を売却して住むところを失うなど、自らの生活に著しい支障を及ぼすような内容の契約を締結しているという消費者被害が発生しているところ、上記の各規定では救済が困難である。」とし、考えられる対応として「判断力の著しく低下した消費者が、自らの生活に著しい支障を及ぼすような内容の契約を締結した場合における取消権を定めることが考えられる」としている。
https://www.caa.go.jp/policies/policy/consumer_system/meeting_materials/assets/consumer_system_cms101_210910_01.pdf
[75] 逐条解説91頁（ウェブ71頁）。

を訪問して、投資経験がなく、認識能力や判断能力が低下していることを把握しながら、投資用マンションの共有持分を購入させるという事案では、融資を介さずに高齢者の手持ち資金で購入できる価格であることから買主である消費者の救済の必要性は高くなります。

　さらに、加齢により判断力が著しく低下した消費者が契約の取消しを検討しなければならないのは、消費者が売主となる場合に、自宅を売却させられて住むところがなくなるとか、リースバックの意味がよくわからないまま、市場価格よりも安く売却させられるなどのケースです。しかし、7号は、消費者の判断力が著しく低下していることのみを要件としていません。そのため、「生計、健康その他の事項に関し其の現在の生活の維持に過大な不安を抱いていること」を、「知りながら」、「その不安をあおり」という要件が争点になります。なお、現実の紛争において、7号の要件を満たすことが難しくても、一連の事業者の勧誘行為が全体として信義に反し違法なものとして不法行為に基づく損害賠償請求をし、事業者の行為の違法性を示す要素として主張することは検討すべきです。

エ　8号

　8号は、いわゆる霊感商法のように高額な物品販売と献金による問題を受けて取消権を行使できる範囲が拡大されました。不動産売買でも適用の可能性はあります。しかし、融資を受けられるだけの社会的信用がある消費者に対しては、事業者が調達してきたもしくは事業者が所有している不動産を売るよりも献金させる方が事業者にとっては簡便です。むしろ、不動産取引において本号が機能するのは、消費者が所有している不動産を廉価で売却させる等、消費者を売主とした売買契約であると考えられます。

**【東京地判平26.10.30　金融・商事判例1459号52頁】**
〔事案の概要〕

　Yは、宅建業者Aと提携して、投資適格の低いマンションの購入を勧誘する目的で、年齢を偽って結婚紹介所のウェブサイトに登録し、Xに対し、平成24年11月上旬ころからメールによるアプローチを開始し、12月2日に喫茶店で会い、XがYに好意的な感情を持っていることがわかると、5日には不動産投資の話を持ち掛け、15日にマンション投資についての説明をし、24日に売買契約を締結させた。この物

件は、必ずしも評価額が見合っているとは言い難く、当初のサブリース賃料は月額8万2,350円であるのに対し、マンションの管理費、修繕積立金として毎月8,000円の支払いが必要となることから、毎月2万1,906円の出費となり、しかもこれが約35年間も継続することに加え、サブリース契約の賃貸期間は2年間であり、その後の空室リスクもあることからすれば、投資としての適格が高いとは言い難い物件であった。Xは、売買契約が、事務所等（宅建業法37条の2第1項柱書）で締結されたものではなく、引渡しも受けておらず、代金の一部も未払であったことから、クーリング・オフ制度を利用して売買契約を解除した。Xは、Yに対し不法行為に基づく損害賠償請求をし、購入資金のための金銭消費貸借契約を締結した融資銀行に対し、主位的には消費者契約法4条1項1号、同条2項、5条1項による取消しによって金銭消費貸借契約に基づく元金の返還債務が存在しないこと、予備的には説明義務違反に基づく損害賠償請求をした。Yに対する請求は一部認容。融資銀行に対する請求棄却。

〔判旨〕

　Yは、不動産投資の勧誘目的を秘匿して、年齢を偽って結婚紹介所のウェブサイトに登録し、同人に好意を抱いていたXの交際に対する期待を利用し、Xに冷静な判断をさせる機会や情報を十分に与えないままに、取引を行わせたというべきであって、財産的利益に関する十分な意思決定の機会を奪ったのみならず、Xの交際や結婚を願望する気持ちを殊更に利用し、かかる恋愛心理等を逆手にとって、このような勧誘がXの人格的利益への侵害をも伴うものであることを十分認識しながら、投資適格が高いとはいえないマンションの購入を決意させたものであり、このような勧誘行為は、信義誠実の原則に著しく違反するものとして慰謝料請求権の発生を是認し得る違法行為と評価することができる。慰謝料としてYへの請求は一部認容。

　融資銀行は、YやAと密接な関係を持ってXに取引を実行させるよう共同して働きかけていたことや、消費貸借契約について契約の媒介を委託していたことは認められず、Y及びAによる「詐欺的商法」ともいうべきものであることを知っていたとも認められないとして融資銀行においては説明義務違反があったということはできない。

(5) 困惑類型における宅建業法による救済

　消費者契約法4条3項は、民法96条の強迫とまでは言えなくても、事業者の不適切な勧誘行為により困惑した結果、自らの自由な意思による契約を締結できなかった消費者を契約取消しにより救済するものです。

　宅建業法におけるクーリング・オフは、消費者の自由な意思による契約の確保という消費者契約法と同じ目的を有しながら、事業者の行為態様ではなく、申込みや承諾の「意思表示の場所」という客観的な基準をもって取消しを認めています（宅建業法37条の2）[76]。宅建業法におけるクーリング・オフでは、宅建業者が売主として宅地又は建物の売買契約について、宅建業者の事務所や事務所に準ずる場所、申込者等が自ら申し出た自宅又は勤務場所以外の場所において、買受の申出、売買契約の締結をした買主は、申込みの撤回等を行うことができる旨及びその方法について告知を受けた日から起算して8日を経過するまでの期間内に書面で申し込みの撤回等の意思表示を発すれば、契約を解除できます（宅建業法37条の2）。クーリング・オフの行使権者は、宅建業者以外の者ですから、消費者に限らず宅建業者ではない事業者も含まれます[77]。そのため、宅建業法37条の2による解除の主張をする際には、消費者性の検討が不要となり、消費者契約法4条3項の要件を満たすか否かが争いになる場合であっても、宅建業法37条の2によれば取消しが可能なことがあります。ただし、宅建業法37条の2は、宅建業者が売主である場合の宅地または建物の売買に関する規定ですから、宅建業者が買主である場合や、「宅地」（宅建業法2条1号）に該当しない農地や山林の売買には適用されません。

　クーリング・オフによる取消しができるのは、申込みの撤回等を行うことができる旨及びその方法等所定事項を記載した書面を交付して告知を受けた日から起算して8日を経過するまでです。書面を交付して告知しないと起算されませんから、交付・告知がない場合は、いつまでもクーリング・オフ解除ができます[78]。

**【大阪地判昭63.2.24　判時1292号117頁】**

〔事案の概要〕

　売主業者Yの担当者Aは、買主Xを車に同乗させて、分譲地付近に

---

76　岡本＝宇仁「逐条宅建業法」698頁以下。
77　岡本＝宇仁「逐条宅建業法」700頁。
78　岡本＝宇仁「逐条宅建業法」710頁。

ある民家が散在する住宅地3か所を見せて廻り、将来の発展可能性を宣伝して本件土地付近に赴いた。本件土地は、湖の最北部の湖岸付近に位置するが、現況は、県道から湖畔にかけての急勾配の山林の中に取り付けた簡易舗装道路を約30m東側へ下った勾配約45度の崖地であり、下刈りだけは済ませた程度で樹木は残っており、擁壁や溝もなく、電気・水道等の引き込みもない土地で、そのままでは家は建てられず、家を建てるためにはかなりの費用をかけて造成工事が必要な状況であった。Xは、当初は購入する意思はなかったが、Aから本件分用地は湖に面して見晴らしがよく、別荘地に適しており、本件土地は分譲地付近の土地の半分くらいの価格で販売していること、本件分譲地の所在する自治体は町を挙げて5か年計画を行っており、工業団地や学園都市なども徐々にできてくるので本件分譲地も値上がりすることは間違いなく、将来それを転売すれば、その間資金を銀行に預金するよりも確実にもうかる等と説明を受け、その後案内された旅館の一室で昼食をとりながら強く勧誘され、その場で売買契約書に署名した。Aらは、Xに対し、クーリング・オフ権が存在すること及びこれを行使する方法について書面を交付して説明していないのみならず、口頭でも説明しなかった。Xは宅建業法37条の2によるクーリング・オフ解除を主張したが、このような土地が宅地といえるかが争点となった。請求認容。

〔判旨〕

本件土地は区画割りがなされ、これに出入りするための道路が造られ、別荘地として販売されていたのであるから宅建業法37条の2第1項の適用があるとしてクーリング・オフの適用を認めた。

(6) 消費者契約法4条と宅建業法による監督処分

消費者契約法4条各項の要件は、具体的で明確です。その結果、不動産の売買において消費者契約法4条による取消しが認められると、宅建業者の不適切な勧誘行為の態様が極めて具体的に明らかになります。

宅建業者の不適切な勧誘行為は「業務に関し取引の公正を害する行為をしたとき又は取引の公正を害するおそれが大であるとき」(宅建業法65条1項2号)に該当し、これによって消費者に損害が発生した場合には「業

務に関し取引の関係者に損害を与えたとき又は損害を与えるおそれが大であるとき」（同項1号）として指示処分の対象になります。さらに、宅建業者の行為の態様によっては、「宅地建物取引業に関し不正又は著しく不当な行為」（同条2項5号）として、業務停止処分の対象になります。

## 9　消費者契約法4条による取消しの効果
(1)　消費者契約法4条による取消しと第三者

　　消費者契約法4条1項から4項による取消しの効果は、消費者契約法に別段の定めがない限り、民法の規定に従います（消契11条）[79]。そこで、消費者契約法4条による取消しをしても、事業者の不適切な勧誘行為があったことについて善意無過失の第三者には対抗できません（消契4条6項）[80]。そのため、売主である消費者が土地建物の売買契約を消費者契約法4条により取消しても、第三者に転売されているときには、その土地建物は消費者のもとには戻ってきません。消費者は宅建業者に対し、不法行為に基づく損害賠償請求により損害の回復を図ることになります。

(2)　消費者の負担する原状回復義務

　　消費者が消費者契約法により意思表示を取消すと、初めから無効であったものとみなされます（消契11条1項、民法121条）。しかし、消費者が給付を受けた当時、その意思表示が取消すことができるものであることを知らなかったときは、消費者契約法による取消権を行使した消費者が負担する原状回復義務は、現存利益に限定されます（消契6条の2）。これは民法121条の2の特則であり、平成28年改正法で新設されました[81]。

## 10　消費者契約法に基づく取消権の行使期間

　　消費者契約法4条1項から4項に定める取消権の行使期間は、①追認をすることができる時から1年間、②当該消費者契約の締結の時から5年を経過したときです（消契7条）。制定当初は、短期消滅時効は6月でしたが、平成28年改正で1年に伸長されました。

(1)　民法126条との違い

　　消費者契約法の取消権は、民法126条よりも短く設定され、「追認する

---
[79] 逐条解説63頁（ウェブ48頁）、225頁（ウェブ180頁）。
[80] 逐条解説125頁（ウェブ99頁）。
[81] 逐条解説142頁（ウェブ115頁）以下。

ことができる時から1年間」、「行為の時から5年」とされています（消契7条）。民法126条では、取消権の行使期間は、「追認することができる時から5年間」、「行為の時から20年」です。

　消費者契約の一方の当事者である事業者の行う取引は、反復継続的に行われるという特質をもつため、迅速な処理が求められ、かつ、取引の安全確保、法律関係の早期の安定に対する要請が高いことに加え、消費者契約法は、民法の定める場合よりも取消を広く認めるものであることによります[82]。

(2)　令和4年臨時国会改正

　霊感等による知見を用いた告知に係る勧誘に対する取消権（消契4条3項8号）については、当該勧誘を受けた場合に霊感等による正常な判断を行うことができない状態から抜け出すためには相当程度の時間を要するという指摘などを踏まえ、取消権の行使期間が伸長されました（施行日：令和5年1月5日）。

①追認することができる時から3年
②契約締結時から10年
③現行の取消権について時効が完成していないものにも適用。

## 11　媒介業者・販売代理による勧誘[83]

　事業者から媒介の委託を受けた宅建業者が、消費者契約法4条所定の不当勧誘行為を行って事業者と消費者との売買契約を締結させた場合、消費者は当該契約を取消すことができます（消契5条1項）。マンション等の販売代理業者が不当勧誘行為を行った場合も同様です（同条2項）。

　不適切な勧誘行為をした媒介業者が消費者と事業者のいずれから委託を受けていたかには関わりません。例えば、双方媒介において媒介業者が買主たる消費者に対して4条所定の勧誘行為を行った場合には、消費者は以下の請求ができます。

　①売主業者に対しては、消費者契約法4条に基づき売買契約を取消し、不当利得返還請求。売主業者が媒介業者の勧誘行為の事情を認識しつつ放置している等の違法行為がある場合には、売主業者に対し不法行為

---

82　逐条解説146頁（ウェブ118頁）。
83　逐条解説131頁（ウェブ105頁）。

に基づく損害賠償請求。

②媒介業者に対しては、媒介契約に基づく善管注意義務、忠実義務を果たさなかったことによる債務不履行に基づく損害賠償請求、故意または過失により消費者契約法4条による勧誘という違法行為を行い、これによって損害を被ったとして不法行為に基づく損害賠償請求。

なお、消費者庁解説では、消費者は、媒介契約を取消しうるとされています[84]。確かに、媒介契約は消費者契約ですから、理論上、取消しは可能です。しかし、媒介契約は、売買契約成立という成果の完成をもって目的達成により終了していますから、媒介契約がいまだ終了していないとして争点を1つ増やして消費者契約法4条による取消しを検討するよりも、違法な媒介行為によって損害を被ったとして不法行為に基づく損害賠償請求や債務の本旨に従った履行をしなかったとして債務不履行に基づく損害賠償請求をする方が被った損害の回復という意味では実際的です。

## 12 民法・商法との関係[85]

契約の取消し及び契約条項の効力につき、消費者契約法に規定がない事項については、民法・商法が適用されます（消契11条）。消費者契約法と民法・商法の規定が競合する場合には、消費者契約法が優先して適用されます（消契11条）。その意味では消費者契約法と民法・商法とは特別法と一般法の関係に立ちます。

しかし、消費者契約法4条1項から5項までの規定は、消費者契約の申込みまたは承諾の意思表示に対する民法96条の規定の適用を妨げるものと解してはならない（消契6条）と規定されており、消費者契約法4条による取消しとともに、民法96条による取消しの主張も可能です。この意味では、通常の特別法と一般法との関係とは異なります。

---

[84] 逐条解説137頁（ウェブ111頁）。
[85] 逐条解説224頁（ウェブ180頁）。

## 第5▶契約内容についての規律（消費者契約の条項の無効）

### 1　契約条項を無効にする規定

　消費者契約法は、消費者の正当な利益が侵害されるような不当な内容の特約条項を無効とする規定を設けています（消契8条〜10条）。これは、契約内容についての規律です。

　合意に瑕疵がないのに、契約条項が内容的に不当であるということでその効力が否定されるのは、消費者契約における事業者と消費者間の「情報（知識）・経験・交渉力の格差」の存在は、両当事者が契約内容を対等に交渉して決めるということを不可能ないし困難にするからです。事業者がその優越的な地位を利用して締結した契約が、消費者にとって不当に不利益である場合には、その条項の効力を主張することは信義則に反するという説明が可能であるとされています[86]。

　契約を無効にする規定は民法にもあります。信義則（1条2項）や公序良俗（90条）の規定です。信義則（1条2項）は、権利の行使や義務の履行に当たって、社会共同生活の一員として、互いに相手の信頼を裏切らないように誠意をもって行動することを要請する規定です。公序良俗（90条）は、国家・社会の秩序や一般的利益、社会の一般的道徳観念に反する法律行為を無効とする規定です。

　消費者契約法8条から10条は、情報や交渉力において劣位にある消費者の正当な利益を回復することを目的にしており[87]、民法とは目的が異なります。

### 2　民法と消費者契約法との優先関係

　当事者の意思によって任意規定と異なる特約をしたときは特約が優先します（民91条）。このように、当事者の意思によって排除することができる規定を任意規定といいます。民法に規定があっても、これと異なる合意をすれば、その合意が優先するのです。

　しかし、消費者契約において当事者の合意を優先させると、情報や交渉力について事業者よりも劣位にある消費者が、特約により自己の望まぬ契約を

---

[86]　四宮＝能見・民法総則285頁。
[87]　逐条解説154頁（ウェブ123頁）。

締結させられるおそれがあります。「事業者は、取引のノウハウに通じ、取引にかけられる時間や労力の点でも有利な立場にあります。しかも事業者は同種の取引を大量に処理する必要があるため、消費者が望んでもあらかじめ設定した契約条項を変更することは現実にはあり得ません。このような状況のもとでは、消費者は、本来ならば望まないような契約をさせられるおそれがあります」[88]との指摘は、現実に見受けられる消費者契約に照らすと説得的です。そこで、情報や交渉力に格差がある状態で、消費者の利益を侵害するような不当な内容の特約が結ばれた場合には、その特約の効力を否定することにより、消費者の利益を回復する必要があります。消費者契約法8条から10条は、民法91条の特則として、民法、商法等の任意規定と異なる特約条項のうち、一定の要件に当てはまるものの全部または一部を無効としました[89]。

### 3　事業者の損害賠償責任を制限する条項の無効（消契8条）

消費者契約法8条は、事業者の損害賠償責任を制限する条項に関する規制です。損害賠償責任を全部免除する特約は、事業者の故意・過失（軽過失も含む）といった主観的要件にかかわらず無効となります（消契8条1項）。事業者の損害賠償責任を一部免除する特約は、事業者の故意・重過失の場合は無効となります。その基礎にあるのは、「事業者は、消費者に対し債務を履行することを約束した以上、自己の責に帰すべき事由によってその債務を履行しなかったときは、原則として責任を免れることはできない」という考え方です[90]。

---

【消費者契約法】
（事業者の損害賠償の責任を免除する条項等の無効）
**第8条**　次に掲げる消費者契約の条項は、無効とする。
　一　事業者の債務不履行により消費者に生じた損害を賠償する責任の全部を免除し、又は当該事業者にその責任の有無を決定する権限を付与する条項

---

88　山本敬三「消費者契約の意義と民法の課題」（民商法雑誌123巻4・5号）506頁。
89　逐条解説153頁（ウェブ123頁）。
90　山本敬三「消費者契約の意義と民法の課題」（民商法雑誌123巻4・5号）534頁。

> 二　事業者の債務不履行（当該事業者、その代表者又はその使用する者の故意又は重大な過失によるものに限る。）により消費者に生じた損害を賠償する責任の一部を免除し、又は当該事業者にその責任の限度を決定する権限を付与する条項
> 三　消費者契約における事業者の債務の履行に際してされた当該事業者の不法行為により消費者に生じた損害を賠償する責任の全部を免除し、又は当該事業者にその責任の有無を決定する権限を付与する条項
> 四　消費者契約における事業者の債務の履行に際してされた当該事業者の不法行為（当該事業者、その代表者又はその使用する者の故意又は重大な過失によるものに限る。）により消費者に生じた損害を賠償する責任の一部を免除し、又は当該事業者にその責任の限度を決定する権限を付与する条項

事業者の損害賠償責任に関する条項が無効とされる場合

| 特約の内容 | 事業者等の主観的要件 |
| --- | --- |
| 債務不履行・不法行為に基づく損害賠償責任の全部免除 | 問わない。 |
| 事業者に債務不履行・不法行為に基づく損害賠償責任の有無の決定権を与える | 問わない。 |
| 債務不履行・不法行為に基づく損害賠償責任の一部免除 | 事業者、代表者、使用者の故意または重過失 |
| 事業者に債務不履行・損害賠償責任の限度の決定権を与える | 事業者、代表者、使用者の故意または重過失 |

(1) 全部免除特約（1号、3号）

　事業者の債務不履行により消費者に生じた損害や事業者の債務の履行に際してなされた事業者の不法行為により消費者に生じた損害を全部免除する条項は無効です。事業者にその責任の有無を決定する権限を付与する条項も無効となります。なお、1号は債務不履行について、3号は不法行為について、それぞれ規定しています。

ア　全部免除

　「全部免除」とは、事業者が損害賠償責任を一切負わないとすることです。例えば、売主が事業者である場合に、

　「売主は買主に対し、債務不履行に基づく損害賠償責任を負わない」とか

　「売主は買主に対し、その履行に伴う不法行為に基づく損害賠償責任を負わない」

とする条項です。少しひねって、

　「売主の買主（消費者）に対する損害賠償の予定は、０円とする」

との条項も、「０円」は、損害賠償責任を負わないことですから、結局、「全部免除」に該当します。

イ　責任の"有無"を決定する権限の付与

　「事業者にその責任の有無を決定する権限を付与する」とは、債務不履行責任や不法行為責任の有無を事業者が判断し、決定することです。事業者に責任の有無を決定する権限を付与すると、任意規定によれば事業者が損害賠償責任を負う場合であっても責任の全部を負わないとすることが可能となり、事業者が損害賠償責任について全部免除を受けたのと同じことになってしまうからです。

　「責任の程度」を決定する権限を付与する条項は、一部免除（消契８条１項２号、４号）の問題です。「責任の程度」とは、責任があることを前提にしながらその程度を決定するものだからです。

ウ　軽過失

　事業者の損害賠償責任を全部免除する特約や事業者にその責任の有無を決定する権限を付与する条項は、事業者に故意や重過失がある場合はもちろん、軽過失の場合であっても無効となります。

⑵　一部免除特約（２号、４号）

　事業者の債務不履行により消費者に生じた損害や事業者の債務の履行に際してなされた事業者の不法行為により消費者に生じた損害を一部免除する特約や事業者にその責任の程度を決定する権限を付与する条項は、事業者の軽過失による場合を除き無効となります。

ア　故意又は重過失

　「故意」とは、自己の行為から一定の結果が生じることを知りながらあえてその行為をすることです。「過失」とは、一定の事実を認識できたにもか

かわらず、その人の職業、社会的地位等から見て、一般に要求される程度の注意を欠いたため、それを認識しないことです。「重大な過失」とは、この注意を著しく欠き、ほとんど故意に近い著しい注意欠如の状態をいいます[91]。故意又は重過失の場合に事業者の責任を一部免除する条項を無効とするのは、事業者の帰責性が重いため、民法の原則どおりの責任を負わせるのが妥当だからです。

イ その使用する者

一部免除特約では、事業者の主観（故意又は重過失の有無）によって無効とされるか否かが異なるため、債務不履行や不法行為を行う者について明記されています。「その使用する者」とは、事業者の意思に基づいて債務の履行のために使用し、その者の過失が事業者自身の帰責事由となり、事業者自身が損害賠償責任を負うことになる者を指します。このような者は、事業者の履行補助者といわれます。具体的には、会社等の法人の従業員や個人事業者の従業員等です[92]。

ウ 一部を免除

「一部を免除」とは、事業者が損害賠償責任を一定の限度に制限し、一部のみの責任を負うことです[93]。「責任の程度」を決定する権限を付与する条項は、責任があることを前提とした上でその程度を決定するものですから、一部免除に関する条項です。

(3) 効果

消費者契約法8条1項に該当する条項は無効となります。契約自体が無効となるわけではありません。問題となる条項が、同法8条に該当しなくても、「消費者の利益を一方的に害する」（消契10条）場合には同法10条により無効となる場合があります。

例えば、事業者の軽過失は損害賠償責任の一部を免除するという特約は、消費者契約法8条1項2号、4号では無効となりませんが、「およそ一部の免除なら一律に有効だとすることには問題もある」として「軽過失についての一部免除も正当な理由がない限り、一般条項（消契10条）によって無効となる」との考え方もあります[94]。

---
[91] 逐条解説162頁（ウェブ131頁）。大判大正2年12月20日民録19輯1036頁参照。
[92] 逐条解説162頁（ウェブ130頁）。
[93] 逐条解説163頁（ウェブ131頁）。
[94] 山本敬三「消費者契約の意義と民法の課題」（民商法雑誌123巻4・5号）535頁。

(4) 軽過失による行為にのみ適用されることを明らかにしていない一部免責条項

　事業者が軽過失の場合に事業者の責任を一部免責する条項は、有効です（消契8条1項2号、4号）。しかし、事業者の損害賠償責任が免責される範囲が明らかでなければ、消費者にとっては、事業者に故意又は重過失がある場合でも免責されるように見えてしまい、事業者に対する損害賠償責任の追及を抑制し、消費者契約法8条の目的が大きく損なわれます。そこで、一部免責条項で、重過失を除く過失による行為にのみ適用されることを明らかにしていないものは無効となります（消契8条3項）。

> 【消費者契約法】
> 　（事業者の損害賠償の責任を免除する条項等の無効）
> **第8条**
> 3　事業者の債務不履行（当該事業者、その代表者又はその使用する者の故意又は重大な過失によるものを除く。）又は消費者契約における事業者の債務の履行に際してされた当該事業者の不法行為（当該事業者、その代表者又はその使用する者の故意又は重大な過失によるものを除く。）により消費者に生じた損害を賠償する責任の一部を免除する消費者契約の条項であって、<u>当該条項において事業者、その代表者又はその使用する者の重大な過失を除く過失による行為にのみ適用されることを明らかにしていないものは、無効とする。</u>

　「法律上許される限り、賠償限度額を〇万円とします」という条項は無効となります。「法律上許される限り」という留保文言では、事業者が免責される範囲が消費者にとって不明確で、事業者に故意や重過失がある場合でも一部免責されるように見えてしまうからです[95]。

## 4　解除権を放棄させる条項の無効（消費者契約法8条の2）

　消費者に、債務不履行に基づく解除権を放棄させる条項は無効です（消契8条の2）。事業者に解除権の有無を決定する権限を付与する条項も無効です。事業者に解除権の有無を決定する権限を付与すると、本来消費者が解除でき

---

[95]　逐条解説177頁（ウェブ144頁）。大橋賢也「実務のための令和4年改正消費者契約法の考え方(1)」NBL1228号29頁。

た場合にも解除を封じることが可能となり、解除権を放棄させたのと同じことになって、類型的に不当性が高いと評価できるからです[96]。

> 【消費者契約法】
> （消費者の解除権を放棄させる条項等の無効）
> **第8条の2** 事業者の債務不履行により生じた消費者の解除権を放棄させ、又は当該事業者にその解除権の有無を決定する権限を付与する消費者契約の条項は、無効とする。

## 5 契約不適合責任の場合の特則

(1) 宅地建物取引と契約不適合

平成29年の民法改正により、売主は、契約不適合責任を負うものとされ、買主の救済方法として、①追完請求（民法562条）、②代金減額請求（同法563条）、③損害賠償請求（同法564条、415条）、④解除（同法564条、541条、542条）が定められました。

契約不適合責任における損害賠償請求は、債務不履行として整理されたことから、消費者契約法8条1項が適用されます。そこで、宅地建物取引においても、目的物である宅地や建物の種類または品質に関する不適合において、事業者が売主で、消費者が買主である場合には、売主の損害賠償責任を全部免除したり、責任の有無を決定する権限を売主に付与する条項（消契8条1項1号）や、軽過失による場合を除き、一部免除や責任の程度を決定する権限を売主に付与する条項（消契8条1項2号）は無効となります。

宅建業者が売主である場合には、宅建業法40条により、民法566条に規定する通知期間を目的物の引渡しの日から2年以上となる特約をする場合を除き、民法よりも不利な特約をすることは禁止されていますから、消費者契約法8条2項に該当するか否かにかかわらず、契約不適合責任を修補のみにする特約は宅建業法40条に違反します。

(2) 修補請求のみに限定する特約条項の問題性

消費者契約法は、例外的に契約不適合責任の制限条項が有効とされる場合を設けています。たとえば、損害賠償責任の全部免除や一部免除の

---

[96] 逐条解説181頁（ウェブ147頁）以下。

特約条項があっても、追完責任、代金減額をする責任を負うとされている場合には、こちらで救済されることが可能であることから消費者契約法8条1項は適用されません（消契8条2項）[97]。

宅地や建物の売買で宅建業者ではない事業者が売主であるときに、以下のように、売主の契約不適合責任を修補請求に限定する条項も見受けられます。

条項の例

> 第Ⅹ条　売主が、買主に対して負う契約不適合責任の内容は、修補に限るものとし、買主は、売主に対し、修補の請求以外に、本契約の解除、売買代金の減額請求および損害賠償の請求をすることはできない。

この条項は、事業者の損害賠償責任を全部免責するものですが、修補請求は認めています。消費者庁解説では、「消費者には救済手段が残されており、消費者の正当な利益が侵害されているとはいえないため、損害賠償責任の全部を免除する契約条項を無効とはしないこととした」としています[98]。

しかし、種類や品質に関する契約不適合を巡る現実の紛争における消費者の利益の侵害の有無は、消費者庁解説がいうような計数的なプラスマイナスだけで判断できるものではありません。

宅地や建物の売買において、消費者契約法8条の事業者の損害賠償責任が問題になるときは、売主が事業者で買主が消費者である場合です。消費者が宅地や建物を購入するのは、居住用の目的によることがほとんどです。居住用の宅地や建物の種類や品質に関する契約不適合は、住み心地のよさに大きく影響します。しかも、自死がなされた現場であったり、隣に暴力団事務所があったというようないわゆる心理的瑕疵と言われる契約不適合の類型においては、そもそも「修補」はできません。

消費者契約法8条2項が1項の適用除外を認めているのは、代替物の給付や瑕疵修補が認められれば、消費者は、契約上予定されたのと同等の給付を受けることができる以上、損害賠償が否定されても不当とはいえな

---

[97] 逐条解説172頁（ウェブ139頁）。
[98] 逐条解説172頁（ウェブ139頁）。

いという考慮にもとづくものです。「瑕疵修補が認められても、当初予定されていた給付が履行された場合と同等の結果が得られないときには、損害賠償責任を免除する条項を有効とする理由はない」[99]とする山本敬三教授の指摘は、心理的瑕疵についての紛争が多数に上る不動産の売買においては、契約不適合責任を修補に限定する契約条項を消費者契約に設けることの問題性をもあぶり出すものです。

　物理的に修補が可能であっても、施工精度が悪いために何度も手直しを求めなければならないなど修補を繰り返すばかりで一向に解決せず、ますますこじれて長引き、買主は嫌気がさしてしまってその建物の住み心地の良さ自体が失われるといった事案も珍しくありません。むしろ、宅地や建物の種類や品質に関する契約不適合は、損害賠償で処理して、買主が自ら信頼できる施工業者を依頼する方が妥当なことも多いのです。瑕疵修補が認められていることを理由に損害賠償責任を免除すると、却って問題を複雑化させる場合もあることから、売買契約書の作成においては、紛争の際のお金による解決の途を残すという意味でも、損害賠償請求は制限しないことが望ましいと言えます。

　なお、消費者契約法8条2項の例外として無効とされない条項であっても、その内容が「消費者の利益を一方的に害する」（消契10条）に該当すれば、無効とされる場合があります。

(3)　契約不適合責任制限特約と消費者契約法8条の2との関係

　契約不適合に基づく解除は、契約不適合の場合の買主の救済手段の一つです。宅地や建物の売主が事業者である場合に、前掲の第X条のように契約不適合責任を修補に限るとする条項は、契約不適合の場合の解除権の行使を認めない（＝解除権を放棄させる）ものであることから、消費者契約法8条の2に違反し、無効となります（➡94頁）。

## 6　消費者の後見等を理由とする解除条項の無効（消費者契約法8条の3）

　消費者が後見開始、保佐開始または補助開始の審判を受けたことのみを理由とする解除権を付与する条項は無効です（消契8条の3）。このような条項は、成年後見制度の趣旨に抵触する面があり、類型的に不当性が高いと言え

---

99　山本敬三「消費者契約の意義と民法の課題」（民商法雑誌123巻4・5号）536頁。

るからです[100]。

かつては、賃貸借契約において以下のような条項が見受けられましたが、第Ｘ条(3)は、消費者契約法8条の3により無効となり、当初からこの条項を定めなかったことになります。

条項の例

> 第Ｘ条　甲は、乙が次の各号のいずれかに該当したときは、何ら催告することなしに本契約を解除できるものとする。
> （1）銀行取引停止処分を受け、または破産、民事再生、会社更生手続の申立てを受け、もしくはこれらの申立てをしたとき。
> （2）差押、仮差押え、仮処分、強制執行、競売の申立てを受け、もしくは公租公課の滞納処分を受けたとき。
> （3）後見開始、保佐開始、補助開始の審判やその申立てを受け、若しくはこれらの申立てをしたとき。

平成30年改正により消費者契約法8条の3が設けられる前の裁判例ですが、下記大阪高裁平成25年判決では、賃貸借契約の信頼関係破壊の徴表に当たると言えない賃借人側の後見開始または保佐開始の審判や申立てがあったことを解除事由とする特約条項は、信義則に反して消費者の利益を一方的に害するものに該当するとして消費者契約法10条により無効としました。

### 【大阪高判平25.10.17　消費者法ニュース98号283頁】

〔事案の概要〕

適格消費者団Ｘが、不動産賃貸業を営む事業者であるＹに対し、Ｙの使用する賃貸借契約書には、①賃貸人に無催告解除権を認めた条項、②契約終了後に明渡しが遅滞した場合の損害賠償の予定を定めた条項、③家賃を遅滞した場合の催告手数料の支払いを認めた条項、④行方不明等の理由で家賃を滞納した場合の解除権及び明渡しの代理権等を賃借人以外の第三者に与えた条項、⑤明渡し時に賃借人にクリーンアップ代を負担させる条項等が含まれているところ、これらの条項が消費者契約法9条各号又は10条に該当するとして、同法12条3項に基づき、同契約書による意思表示の差止、契約書用紙の廃棄並びに差

---

[100] 逐条解説185頁（ウェブ150頁）。

止及び契約書用紙廃棄のための従業員への指示を求めた事案。

原審は、賃借人に対する後見開始または保佐開始の審判や申立てがあったときに直ちに契約を解除できる旨の条項に係る部分の請求を認容し、その余を棄却したので、敗訴部分についてXが控訴、Y付帯控訴。

〔判旨〕

①の無催告解除条項に関する差止認容。「本件解除条項中で、成年被後見人、被保佐人の審判開始または申立てを受けたときについては、およそ賃借人の経済的破綻とは無関係な事由であって、選任された成年後見人や保佐人によって財産管理が行われることになり、むしろ、賃料債務の履行が確保される事由ということもできるから、これらの事由が発生したからといって、賃借人の賃料債務の不履行がないのに、また、賃料債務の不履行があっても、相当な期間を定めてする催告を経ることなく、又は契約当事者間の信頼関係が破壊されていないにもかかわらず、賃貸人に一方的に解除を認める条項も、信義則に反して消費者の利益を一方的に害するものというべきである」。

## 7 損害賠償の額の予定に関する特約の無効（消費者契約法9条）

解除に伴う損害賠償の額の予定と違約金を合算した額が、解除に伴い事業者に生ずべき平均的な損害の額を超える条項（消契9条1項1号）や、遅延損害金の利率が14.6%[101]を超える条項（消契9条1項2号）は、超える部分が無効となります。

> 【消費者契約法】
> （消費者が支払う損害賠償の額を予定する条項等の無効等）
> **第9条** 次の各号に掲げる消費者契約の条項は、当該各号に定める部分について、無効とする。
> 一 当該消費者契約の解除に伴う損害賠償の額を予定し、又は違約金を定める条項であって、これらを合算した額が、当該条項において設定された解除の事由、時期等の区分に応じ、当該消費者契約と同種の消費者契約の解除に伴い当該事業者に生ずべき平均的

---

[101] 山本敬三「消費者契約の意義と民法の課題」（民商法雑誌123巻4・5号）538頁では、「14.6%という上限は──その当否は別として──そうした平均的な損害の額を定型的に示したものと理解できる」としている。

>     な損害の額を超えるもの　当該超える部分
>   二　当該消費者契約に基づき支払うべき金銭の全部又は一部を消費者が支払期日（支払回数が２以上である場合には、それぞれの支払期日。以下この号において同じ。）までに支払わない場合における損害賠償の額を予定し、又は違約金を定める条項であって、これらを合算した額が、支払期日の翌日からその支払をする日までの期間について、その日数に応じ、当該支払期日に支払うべき額から当該支払期日に支払うべき額のうち既に支払われた額を控除した額に年１４.６パーセントの割合を乗じて計算した額を超えるもの　当該超える部分
> ２　事業者は、消費者に対し、消費者契約の解除に伴う損害賠償の額を予定し、又は違約金を定める条項に基づき損害賠償又は違約金の支払を請求する場合において、<u>当該消費者から説明を求められたときは、損害賠償の額の予定又は違約金の算定の根拠（第１２条の４において「算定根拠」という。）の概要を説明するよう努めなければならない。</u>

(1) 契約の解除に伴う

　消費者契約法９条の対象となるのは、解除権を行使する場合です。約定解除、法定解除を問いません。また、いずれの責に帰すべき事由による解除かも問いませんから、消費者の責に帰すべき事由による解除においても、事業者は一定の金額を超える違約金等を請求することができません[102]。

(2) 平均的な損害の額

　「平均的な損害の額」とは、同一事業者が締結する多数の同種契約事案について類型的に考察した場合に算定される平均的な損害の額とされています[103]。

(3) 宅地建物取引業法 38 条との関係

　宅建業法 38 条は、売主が宅建業者の場合に、損害賠償額を予定し又は違約金の額を定めるときは、これらを合算した額が売買代金額の 10 分の 2 を超えることとなる定めをしてはならないと規定し（同条１項）、これ

---

[102] 逐条解説 192 頁（ウェブ 155 頁）。
[103] 逐条解説 193 頁（ウェブ 155 頁）、山本敬三「2022 年消費者契約法改正と今後の課題(2)」NBL1231 号 23 頁以下。

を超える部分を無効としています（同条2項）。消費者契約法9条1項1号と宅建業法38条は、いずれも損害賠償額の予定と違約金の額についての規定ですから、形式的には抵触します。このような場合は、個別法が優先的に適用されます（消契11条2項）。個別法は、当該業種の取引の特性や実情、契約当事者の利益等を踏まえた上で取引の適正化を図ることを目的として規定されたものであることを重視したためです[104]。

消費者庁解説では、宅建業法38条の規定は、宅地建物取引の特性を踏まえて設けられたものであり、宅建業法が優先して適用され、消費者契約法の規定は適用されないと明記しています[105]。

---

【宅地建物取引業法】
（損害賠償額の予定等の制限）
第38条　宅地建物取引業者がみずから売主となる宅地又は建物の売買契約において、当事者の債務の不履行を理由とする契約の解除に伴う損害賠償の額を予定し、又は違約金を定めるときは、これらを合算した額が代金の額の十分の二をこえることとなる定めをしてはならない。
2　前項の規定に反する特約は、代金の額の十分の二をこえる部分について、無効とする。

---

【福岡高判平20.3.28　判時2024号32頁】

マンションの売買において買主が約定期日に残代金を支払わなかったことを理由に売主業者が契約を解除し、違約金条項（売買代金の2割相当額）に基づく違約金請求をしたところ、買主が違約金特約は消費者契約法9条1項、10条に違反して無効であると主張した。

裁判所は、宅建業法38条は、消費者の利益保護という見地から契約内容の適正化を図るために司法上の効力に対して直接規制をしたいわゆる効力規定であるとし、消費者契約法11条2項により、同法9条、10条は適用されないとして、売主業者の違約金請求を一部認容。

---

[104] 逐条解説228頁（ウェブ183頁）。
[105] 逐条解説230頁（ウェブ185頁）、岡本＝宇仁「逐条宅建業法」719頁。

(4) 事業者の努力義務

　令和4年通常国会改正により、事業者に対し、消費者の求めに応じ違約金等の算定の根拠の概要について説明する努力義務が規定されました（消契9条2項）。違約金が発生することが契約条項に明記されていても、違約金が妥当なものであることについて事業者から十分な説明がないため、消費者が判断できず紛争に発展したり、高額な違約金を設定して不当に利益を収受している事業者があったことを理由としています[106]。

　宅建業法においては、損害賠償額の予定や違約金の定めに関する事項は、宅建業法35条1項9号に明記されたいわゆる法定重説事項ですから、宅建業者は買主や借主に対し、損害賠償額の予定や違約金に関する事項を記載した重要事項説明書を交付して説明しなければなりません（宅建業法35条）。単なる努力義務ではありませんから宅建業者は買主や借主が説明を求めなくても重要事項説明義務を負います。消費者契約法のように「消費者から説明を求められたとき」（消契9条2項）に説明するわけではありません。宅地建物取引では宅建業者が関与しない取引はまれですから、消費者契約法9条2項を待つまでもなく、契約が成立するまでの間に損害賠償額の予定や違約金についての説明がなされることになります。重要事項説明を怠ると業務停止処分の対象となり情状が特に重い場合には免許の取消処分を受けます（宅建業法65条2項2号、4項2号、66条1項9号）。

　ただ、宅建業者は、重要事項説明の際には、損害賠償額や違約金の額についての説明をしても、算定根拠まで説明をすることはそれほど多くはありません。宅建業法は、売主が宅建業者の場合には、損害賠償額の予定と違約金の額の合算した額が代金額の10分の2を超える定めをしてはならないと規定しており（宅建業法38条）、宅建業者が買主である場合や、宅建業者ではない事業者が一方当事者となる場合にも、これに従った特約がなされることが一般的であると思われます。

## 8　消費者の利益を一方的に害する条項の無効（10条）

(1) 法的性格

　消費者契約法8条〜9条は、個別の不当条項ごとに無効となる定めを

---

[106] 逐条解説204頁（ウェブ164頁）。

列挙していますが、そこから漏れるものもあります[107]。そこで、消費者契約の条項が無効となる場合の包括的なルールとして10条が設けられています。個別の不当条項リストに該当しない条項であっても、10条に該当すれば無効となります。

> 【消費者契約法】
> （消費者の利益を一方的に害する条項の無効）
> **第10条** 消費者の不作為をもって当該消費者が新たな消費者契約の申込み又はその承諾の意思表示をしたものとみなす条項その他の法令中の公の秩序に関しない規定の適用による場合に比して消費者の権利を制限し又は消費者の義務を加重する消費者契約の条項であって、民法第1条第2項に規定する基本原則に反して消費者の利益を一方的に害するものは、無効とする。

(2) 要件

消費者契約法10条が適用されるためには、以下の要件を2つとも備える必要があります[108]。

　①任意規定の適用による場合に比し、消費者の権利を制限し、又は消費者の義務を加重するものであること（消契10条前段）
　②消費者契約の条項が民法1条2項（信義則）に反して消費者の利益を一方的に害するものであること（消契10条後段）

多くの裁判例においては、①の要件（消契10条前段）と②の要件（消契10条後段）とは明確に区別して判断されています[109]。不動産取引において消費者契約法10条が問題になった事案は、敷引き特約、更新料特約、明渡し条項です。これらの裁判例をもとに消費者契約法10条の要件を検討していきます。

ア 「法令中の公の秩序に関しない規定」（消契10条前段）

「法令中の公の秩序に関しない規定」（消契10条）とは「任意規定」を指します。ただし、「規定」という文言に限定されるわけではなく、「ここに

---

107 中田邦博「消費者契約法10条の意義　一般条項は、どのような場合に活用できるか、その限界は」（法学セミナー549号38頁）。
108 中田邦博＝鹿野菜穂子編「基本講義消費者契約法　第3版」102頁［中田邦博］。
109 道垣内弘人「消費者契約法10条による無効判断の方法」（野村豊弘先生古希記念論文集「民法の未来」商事法務379頁。

いう任意規定には、明文の規定のみならず、一般的な法理等も含まれると解するのが相当である」【最判平 23.7.15 民集 65 巻 5 号 2269 頁、判時 2135 号 38 頁】とされています[110]。さらに、任意規定がない新種の契約であっても民法の売買契約の規定は有償契約に準用されますから（民法559条）、これを任意規定として使うなら消費者契約法 10 条を利用できる場合はそれほど狭くないとも言われています[111]。

イ 「消費者の利益を一方的に害する」（消契 10 条後段）

　消費者と事業者との間にある情報・交渉力の格差を背景として、当該契約条項により、任意規定によって消費者が本来有しているはずの利益を信義則に反する程度に両当事者の衡平を損なう形で侵害することを指します[112]。

(3) 瑕疵担保責任・契約不適合責任と消費者契約法 10 条

　瑕疵担保責任に関する特約について消費者契約法 10 条が問題になった裁判例があります。

### 【東京地判平 22.6.29　2010WLJPCA06298001】
[事案の概要]

　買主 X が二世帯住宅を建築する目的で購入した土地から鉛が検出されるとともに皮革等の燃え殻が埋設されており、皮革等の燃え殻からは六価クロムが検出された。買主 X は、売主 Y（株式会社、非宅建業者）に対し、瑕疵担保責任に基づく売買契約の解除により代金相当額 2,750 万円及び土壌調査費用相当額 43 万 6,695 円の合計 2,793 万 6,695 円の支払いを求めた（解除が認められない場合の予備的請求として、瑕疵担保責任に基づく損害賠償請求、説明義務違反による債務不履行に基づく損害賠償請求）。売主 Y は、この売買契約には瑕疵担保責任に基づく解除又は損害賠償の請求の期間を引渡し日から 3 ヶ月以内とする特約があり、この期間を経過していると主張したことから、この

---

110　山本敬三「消費者契約法の意義と民法の課題（民商法雑誌 123 巻 4、5 号）」539 頁では「特約がない場合の権利義務を定めているのは明文の任意法規に限られない。不文の任意法規、更には契約に関する一般法理も、特約がない場合の権利義務を規律する点で変わりはない。…ここでいう任意法規は、明文の規定にかぎらず、判例等で一般に認められた不文の任意法規のほか、契約に関する一般法理もふくむと考えるべきだろう」としている。
111　四宮＝能見・民法総則 287 頁。
112　逐条解説 214 頁（ウェブ 172 頁）。

特約条項が消費者契約法10条に該当するかが争点となった。一部認容。不動産取引を業としない会社が不動産売買において消費者契約法の「事業者」（消契2条2項）に該当するかについては6頁。

[判旨]
《本件土地の瑕疵の有無》
　住宅建築目的の土地売買においては、環境基準を超える鉛が検出され、六価クロムを含む皮革等の燃え殻が多数埋設されていたことは、通常有すべき性状を備えたものということはできず、瑕疵（改正前民法570条）がある。
《本件特約が消費者契約法10条により無効となるか》
◇10条前段要件について
　「買主による瑕疵担保責任に基づく解除又は損害賠償の請求の期間について、（改正前）民法570条、566条3項は、買主が事実を知ったときから1年以内にしなければならないと規定するのに対し、本件特約は、本件土地の引渡日から3か月以内とするというものであって、瑕疵担保責任の行使期間を、買主の認識にかかわらず、その期間も1年以内から3か月に短縮するものであるから、同法の公の秩序に関しない規定の適用による場合に比し、消費者であるXの権利を制限するものであることは、明らかである。」
◇10条後段要件について
　このような瑕疵は発見が困難であること、買主の妻から従前の利用法や埋設物等の確認を求められたのに、売主は、居住のみに使用しており問題はない旨回答して埋設物の可能性を記載することなく物件状況等報告書を交付したことから、「本件特約は、民法1条2項に規定する基本原則である信義誠実の原則に反して消費者である原告X1の利益を一方的に害する」とし、本件特約は、消費者契約法10条の規定により無効とした。

ア　事業者を売主とする売買契約
　　事業者を売主とする宅地や建物の売買において契約不適合責任の通知期間を民法566条に規定する期間よりも短くする特約は、消費者契約法8条や9条には当たりません。しかし、民法566条の規定よりも消費者とな

る買主の権利を制限していますから、消費者契約法10条前段の要件には該当します。したがって、その内容が「消費者の権利を一方的に害する」（消契10条後段）場合にはその特約は無効になります。このとき、契約不適合の通知期間をどの程度に短縮することが「消費者の利益を一方的に害する」（消契10条）かは、一概に言えません。居住用の建物の売買において、買主である消費者が長期間にわたり目的物である建物に居住し続けており、他方、売主である法人は当該物件についての情報をほとんど有していないといった特段の事情がない限り、通知期間の短縮は、「消費者の利益を一方的に害する」（消契10条後段）との認定に傾く要素です。

　通知期間の起算点を「引渡しの時」とする特約が「消費者の利益を一方的に害する」（消契10条後段）に該当するかは、宅建業法40条が一つの手がかりになります。宅建業法40条は、宅建業者が売主の場合には、通知期間を引渡しから2年以上とする特約を除き、買主の不利になる特約をしてはならないと規定しています。民法566条の通知期間の起算点は「その不適合を知ったとき」ですから、宅建業法40条は、起算日を「引渡し時」に固定している点で、民法566条よりも買主である消費者に不利ではあります。しかし、民法566条では、通知期間が「1年以内」であるのに対して、宅建業法40条は「2年以上」としている点で、民法566条よりも買主である消費者に有利です。宅建業法40条は民法よりも不利ではあるけれども、他方で、当事者双方にとって極めて明確な時点である「引渡し時」を起算点とし、期間については民法566条よりも長い期間を定めることによって、売主が宅建業者である場合の取引の公正を確保し、購入者の利益の保護（宅建業法1条）を図っているといえます。法人が売主である場合に、契約不適合責任の起算点を「その不適合を知ったとき」ではなく「引渡し時」とすることは、起算点を明確にするという意味では、それなりの合理性はあるといえ、「当事者の利益を一方的に害する」と判断されるかどうかは通知期間や買主が行使できる権利との兼ね合いということになります。自然災害が多い我が国においては春夏秋冬を経なければ判明しにくい事象も多々あることは容易に予想されますから、1年より短い期間に短縮する特約は、「消費者の利益を一方的に害する」との判断に傾く要素であると考えられます。

【宅地建物取引業法】
（担保責任についての特約の制限）
第40条　宅地建物取引業者は、自ら売主となる宅地又は建物の売買契約において、その目的物が種類又は品質に関して契約の内容に適合しない場合におけるその不適合を担保すべき責任に関し、民法第566条に規定する期間についてその目的物の引渡しの日から2年以上となる特約をする場合を除き、同条に規定するものより買主に不利となる特約をしてはならない。
2　前項の規定に反する特約は、無効とする。

【民法】
（目的物の種類又は品質に関する担保責任の期間の制限）
第566条　売主が種類又は品質に関して契約の内容に適合しない目的物を買主に引き渡した場合において、買主がその不適合を知った時から1年以内にその旨を売主に通知しないときは、買主は、その不適合を理由として、履行の追完の請求、代金の減額の請求、損害賠償の請求及び契約の解除をすることができない。ただし、売主が引渡しの時にその不適合を知り、又は重大な過失によって知らなかったときは、この限りでない。

イ　売主が消費者、買主が事業者である場合の契約不適合についての制限
　売主が消費者で買主が法人の場合も消費者契約（消契2条3項）ですから消費者契約法の適用があります。しかし、契約不適合責任は、売主が買主に対して負う責任です。消費者である売主が契約不適合責任を負わないとする免責特約を付けたり、契約不適合の場合に買主が請求できる権利を損害賠償請求のみに限定したり、通知期間を3か月に設定したりする特約は、消費者に有利な特約です。つまり、任意規定の適用による場合に比し、「消費者の権利を制限し、又は消費者の義務を加重するもの」（消契10条前段）には該当しません。したがって、「消費者の利益を一方的に害する」（消契10条後段）か否かを検討するまでもなく、このような特約は有効です。

(4) 敷引き特約に関する裁判例

　敷引き特約に関する最高裁の判断は、平成17年判決で幕を開けましたが、敷引き特約の有効性について一応の基準を示したのは平成23年判決です。平成17年判決は、賃貸借契約における賃料と原状回復費用との関係を明確にし、敷引き特約の成立要件を示したものの、特約の成立は否定したため消費者契約法10条の判断はしていません。賃料と原状回復費用との関係については、平成29年の民法改正で明文規定（民法622条の2）が設けられ、整理がなされました。

　平成17年判決は、消費者契約法10条の判断には入っていないため、消費者庁の逐条解説にも掲載されていません。しかし、敷引き特約に限らず、消費者契約において、消費者の権利を制限し義務を加重する特約条項の成立要件について具体的な規範を示している点では、示唆に富む判決です。

## 【最判平17.12.16　判タ1200号127頁】
〔事案の概要〕

　Xは、平成10年に、Y（大阪府住宅供給公社）から共同住宅のうちの一戸を借り受け、敷金35万円余（3か月分の家賃相当額）をYに交付した。Xが賃貸借契約を解約して住戸を明け渡した後に返還された敷金は、通常損耗の補修費用を含む30万円余を差し引いた残額の5万円余であったため、XはYに対して敷金の未返還額30万円余の返還を請求した。

〔判旨〕

　通常損耗補修特約の成立自体を否定して原判決を破棄し、通常損耗分以外にXの負担とすべき補修金額がいかほどであるかの審理のために本件を原審に差し戻し。

《通常損耗補修特約の成立要件》

　「建物の賃借人にその賃貸借において生ずる通常損耗についての原状回復義務を負わせるのは、賃借人に予期しない特別の負担を課すことになるから、賃借人に同義務が認められるためには、少なくとも、賃借人が補修費用を負担することになる通常損耗の範囲が賃貸借契約書の条項自体に具体的に明記されているか、仮に賃貸借契約書では明

らかでない場合には、賃貸人が口頭により説明し、賃借人がその旨を明確に認識し、それを合意の内容としたものと認められるなど、その旨の特約（以下「通常損耗補修特約」という。）が明確に合意されていることが必要である」。

**《事案に対する当てはめ》**
　この事案では、賃貸借契約書には「賃借人が住宅を明け渡すときは、住宅内外に存する賃借人又は同居者の所有するすべての物件を撤去してこれを原状に復するものとし、負担区分表に基づき補修費用を賃貸人の指示により負担しなければならない旨を定め」、負担区分表は、「汚損」、「生活することによる変色・汚損・破損と認められるもの」は退去者が補修費用を負担するものとしている。しかし、「要補修状況を記載した『基準になる状況』欄の文言自体からは、通常損耗を含む趣旨であることが一義的に明白であるとはいえない」として、この契約書には、通常損耗補修特約の成立が認められるために必要な内容を具体的に明記した条項はないと言わざるを得ないとして、特約の成立を否定。

　事業者が、業務の円滑化や省力化の観点から契約書のフォーマットを作成しておくこと自体は、責められるべきものではありません。しかし、同じフォーマットを様々な用途に使いまわそうとすればするほど、契約条項は抽象的なものになり、往々にしてその条項の文言自体から消費者の権利を制限したり義務を課したりする要件が一義的に明白ではなくなります。

　現在では契約書を手書きで埋めていくことはほとんど見られなくなり、フォーマットの必要事項をパソコンで埋めていくことがほとんどです。紛争予防の観点からは、フォーマット上で消費者の権利を制限し又は義務を課することになる条項の文字を入力段階では赤文字にしておき、具体的な契約ごとに検討できるようにするなどの工夫が必要です。さらに、特約を定めた場合には、既に定められていた契約条項と齟齬がないかを丁寧に確認するとともに、宅建業者が当事者に説明する際には、特約条項を書面で示しながら口頭でも説明し、消費者がその内容を十分に理解し、明確に認識したうえで、契約を締結する（合意する）ことができるような手順を定めて、契約当事者の誤認や思い込みを防ぐ努力が求められます。

**【最判平 23.3.24　民集 65 巻 2 号 903 頁、判時 2128 号 33 頁】**
[事案の概要]

　居住用建物賃貸借において、賃料 1 か月 9 万 6,000 円、賃貸借期間は、平成 18 年 8 月 21 日からで、平成 20 年 4 月 30 日をもって契約終了・明渡し完了（2 年未満）。賃貸借契約では、保証金（40 万円）の返還について経過年数 1 年未満の控除額 18 万円、2 年未満は 21 万円、3 年未満は 24 万円等と細かく定められており、通常損耗等は敷引金により賄い賃借人は原状回復を要しないとする条項が設けられていた。賃貸人は、保証金 40 万円から 2 年未満の約定どおり敷引金 21 万円を控除し、残額 19 万円を返還した。賃借人はこの特約は消費者契約法 10 条により無効であるとして、返還を受けていない 21 万円の支払を求めた。賃借人の上告棄却。

[判旨]
《消費者契約法 10 条前段要件》

　「賃借物件の損耗の発生は、賃貸借という契約の本質上当然に予定されているものであるから、賃借人は、特約のない限り、通常損耗等についての原状回復義務を負わず、その補修費用を負担する義務も負わない。そうすると、賃借人に通常損耗等の補修費用を負担させる趣旨を含む本件特約は、任意規定の適用による場合に比し、消費者である賃借人の義務を加重するものというべきである。」

《消費者契約法 10 条後段要件》
①明確な合意の有無

　「賃貸借契約に敷引特約が付され、賃貸人が取得することになる金員（いわゆる敷引金）の額について契約書に明示されている場合には、賃借人は、賃料の額に加え、敷引金の額についても明確に認識した上で契約を締結するのであって、賃借人の負担については明確に合意されている。」

②消費者の利益を一方的に害するか否か

　「上記補修費用に充てるために賃貸人が取得する金員を具体的な一定の額とすることは、通常損耗等の補修の要否やその費用の額をめぐる紛争を防止するといった観点から、あながち不合理なものとはいえず、敷引特約が信義則に反して賃借人の利益を一方的に害するもので

あると直ちにいうことはできない。」

「居住用建物の賃貸借契約に付された敷引特約は、当該建物に生ずる通常損耗等の補修費用として通常想定される額、賃料の額、礼金等他の一時金の授受の有無及びその額等に照らし、敷引金の額が高額に過ぎると評価すべきものである場合には、当該賃料が近傍同種の建物の賃料相場に比して大幅に低額であるなど特段の事情のない限り、信義則に反して消費者である賃借人の利益を一方的に害するものであって、消費者契約法10条により無効となると解するのが相当である。」

本件における「敷引金の額は、月額賃料の金額の2倍弱ないし3.5倍強にとどまっていることに加えて、上告人は、本件契約が更新される場合に1か月分の賃料相当額の更新料の支払義務を負うほかには、礼金等他の一時金を支払う義務を負っていないことに照らし、本件敷引金の額が高額に過ぎると評価することはできず、本件特約が消費者契約法10条により無効であるということはできない。」

### 【最判平 23.7.12 判時 2128 号 33 頁】
《消費者契約法 10 条後段要件》

「保証金から控除されるいわゆる敷引金の額が賃料月額の3.5倍程度にとどまっており、上記敷引金の額が近傍同種の建物に係る賃貸借契約に付された敷引特約における敷引金の相場に比して大幅に高額であることはうかがわれないなど判示の事実関係の下では、消費者契約法10条により無効であるということはできない。」

(5) 更新料特約に関する裁判例

### 【最判平 23.7.15 民集 65 巻 5 号 2269 頁、判時 2135 号 38 頁】
〔事案の概要〕

賃借人X1は賃貸人Yから居住用建物を賃料1か月3万8,000円、賃貸借期間は、平成15年4月1日から平成16年3月31日まで、更新料は賃料の2ヶ月分、定額修補分担金12万円の約定で賃借し、3回にわたり更新され、その都度更新料として7万6,000円を支払い、平

成19年4月1日以降も建物の使用を継続したことから、同日をもって更新されたとみなされたが、X1は更新料の支払をしなかった。

賃借人X1は賃貸人Yに対し、更新料条項は消費者契約法10条又は借地借家法30条により、定額補修分担金に関する特約は消費者契約法10条により無効であると主張して、不当利得返還請求権に基づき、支払済みの更新料22万8,000円及び定額補修分担金12万円の返還を求めた。

Yは、X1に対し、未払更新料7万6,000円の支払いを求めるとともに、連帯保証人X2に対し、未払更新料につき保証債務の履行を求める反訴提起。併合審理。控訴審はXらの請求認容。Y上告（ただし、定額補修分担金の返還請求に関する部分について上告理由書は不提出）。定額補修分担金の返還請求に関する部分を除く部分を破棄、取消し、X1の請求棄却。

〔判旨〕
《更新料》
「更新料は、賃料と共に賃貸人の事業の収益の一部を構成するのが通常であり、その支払により賃借人は円満に物件の使用を継続することができることからすると、更新料は、一般に、賃料の補充ないし前払、賃貸借契約を継続するための対価等の趣旨を含む複合的な性質を有する。」

《消費者契約法10条前段要件》
「更新料条項は、一般的には賃貸借契約の要素を構成しない債務を特約により賃借人に負わせるという意味において、任意規定の適用による場合に比し、消費者である賃借人の義務を加重するものに当たる。」

《消費者契約法10条後段要件》
「当該条項が信義則に反して消費者の利益を一方的に害するものであるか否かは、消費者契約法の趣旨、目的（同法1条参照）に照らし、当該条項の性質、契約が成立するに至った経緯、消費者と事業者との間に存する情報の質及び量並びに交渉力の格差その他諸般の事情を総合考量して判断されるべきである。」

「更新料条項が賃貸借契約書に一義的かつ具体的に記載され、賃貸人と賃借人との間に更新料の支払に関する明確な合意が成立している

場合に、賃借人と賃貸人との間に、更新料条項に関する情報の質及び量並びに交渉力について、看過し得ないほどの格差が存するとみることもできない。」

「賃貸借契約書に一義的かつ具体的に記載された更新料条項は、更新料の額が賃料の額、賃貸借契約が更新される期間等に照らし高額に過ぎるなどの特段の事情がない限り、消費者契約法10条にいう「民法第1条第2項に規定する基本原則に反して消費者の利益を一方的に害するもの」には当たらない。」

《本件へのあてはめ》

本件条項は本件契約書に一義的かつ明確に記載されているところ、その内容は、更新料の額を賃料の2ヶ月分とし、本件賃貸借契約が更新される期間を1年間とするものであって、上記特段の事情が存するとはいえず、これを消費者契約法10条により無効とすることはできない。

(6) 解除条項、明渡し条項に関する裁判例

【最判令4.12.12　民集76巻7号1696号、判時2558号16頁、判タ1507号41頁】[113]

〔事案の概要〕

居住用の建物賃貸借契約において賃借人と賃料保証会社との間で締結された保証契約における以下の条項が、消費者契約法10条に該当するとして同法12条3項本文に基づき適格消費者団体が差止請求をした事案。控訴審は請求棄却。上告審は原判決破棄、差止請求認容。

X条　賃借人が支払を怠った賃料等及び変動費の合計額が賃料3か月分以上に達したときは、連帯保証人が無催告にて原契約を解除することができるものとする。

Y条　賃貸人、賃借人、連帯保証人は、X条の場合に、連帯保証人

---

[113] 堀内元城・判例批評（ジュリスト1587号103頁、小峯庸平「賃借人の連帯保証人に無催告解除権と明渡しを擬制する権限を与える条項の消費者契約法10条該当性」（ジュリスト1585号81頁）、加藤新太郎「賃貸人の連帯保証人に無催告解除権と明渡を擬制する権限を付与する契約条項の消費者契約法10条該当性」（NBL1253号72頁）、大澤彩・判例批評（民商法雑誌159巻6号864頁）、小峯庸平（ジュリスト1585号81頁）、岡田愛・判例批評（WLJ判例コラム第282号）。福島成洋・判例批評（現代消費者法57号109頁、58号116頁）。

が賃貸借契約の解除権を行使することに対して、異議はない。

Z条　連帯保証人は、賃借人が賃料等の支払を2か月以上怠り、連帯保証人が合理的な手段を尽くしても賃借人本人と連絡がとれない状況の下、電気・ガス・水道の利用状況や郵便物の状況等から本件建物を相当期間利用していないものと認められ、かつ本件建物を再び占有使用しない賃借人の意思が客観的に看取できる事情が存するときは、賃借人が明示的に異議を述べない限り、これをもって本件建物の明渡しがあったものとみなすことができる。

〔判旨〕
**《無催告解除条項》**
**◇消費者契約法10条前段要件**

任意規定では

①賃借人に賃料等の支払の遅滞がある場合、契約の解除権を行使することができるのは賃貸借契約の当事者である賃貸人であって、賃料債務等の連帯保証人ではない。

②賃料債務等につき連帯保証債務の履行がないときに賃料不払いを理由に契約を解除するには民法541条本文に規定する履行の催告を要し、無催告で原契約を解除するには同法542条1項5号に掲げる場合等に該当することを要する。

③連帯保証債務の履行があると、賃借人の賃料債務等が消滅するため、賃貸人は、賃料不払いを理由に契約を解除することはできない。賃借人にその義務に違反し信頼関係を裏切って賃貸借関係の継続を著しく困難ならしめるような不信行為があるなどの特段の事情があるときに限り、無催告で原契約を解除することができるにとどまる。

X条は、賃借人が支払を怠った賃料等の合計額が賃料3か月分以上に達した場合、賃料債務等の連帯保証人が何らの限定なく無催告で解除権を行使することができるとしている点において、任意規定の適用による場合に比し、消費者である賃借人の権利を制限するものというべきである。

**◇消費者契約法10条後段要件**

賃貸借契約は、当事者間の信頼関係を基礎とする継続的契約であり、その解除は、賃借人の生活の基盤を失わせるという重大な事態を招来

し得るものであるから、契約関係の解消に先立ち、賃借人に賃料債務等の履行について最終的な考慮の機会を与えるため、その催告を行う必要性は大きい。X条は、「所定の賃料等の支払の遅滞が生じた場合、契約の当事者でもない連帯保証人がその一存で何らの限定なく原契約につき無催告で解除権を行使することができるとするものであるから、賃借人が重大な不利益を被るおそれがある」。

したがって、X条は、消費者である賃借人と事業者である賃貸人の各利益の間に看過し得ない不均衡をもたらし、当事者間の衡平を害するものであるから、信義則に反して消費者の利益を一方的に害するものである。

## 《明渡条項》
### ◇消費者契約法10条前段要件

契約が終了していない場合に、連帯保証人がZ条に基づいて建物の明渡しがあったものとみなしたときは、契約当事者でもない連帯保証人の一存で、賃借人の使用収益権が制限されることになるため、Z条は、任意規定の適用による場合に比し、消費者である賃借人の権利を制限する。

### ◇消費者契約法10条後段要件

賃借人は、本件建物に対する使用収益権が一方的に制限されることになる上、建物の明渡義務を負っていないにもかかわらず、建物明渡しが法律に定める手続によることなく実現されたのと同様の状態に置かれるのであって、著しく不当というべきである。

本件建物を再び占有使用しない賃借人の意思が客観的に看取できる事情が存することという要件は、その内容が一義的に明らかでないため、賃借人は、いかなる場合にZ条の適用があるのかを的確に判断することができず、不利益を被るおそれがある。

Z条は、賃借人が明示的に異議を述べた場合には、賃貸人が本件建物の明渡しがあったとみなすことができないものとしているが、賃借人が異議を述べる機会が確保されているわけではないから、賃借人の不利益を回避する手段として十分でない。

以上によれば、Z条は、消費者である賃借人と事業者である連帯保証人の各利益の間に看過し得ない不均衡をもたらし、当事者間の衡平

を害するものであるから、信義則に反して消費者の利益を一方的に害するものであるというべきである。

## 第6 ▶ 適格消費者団体による差止請求

　最高裁令和4年判決は、適格消費者団体による差止請求がなされた事案です。この事案を読み解く前提知識として、適格消費者団体と差止請求訴訟について解説します。

### 1　適格消費者団体

　適格消費者団体とは、不特定かつ多数の消費者の利益のために差止請求権を行使するのに必要な適格性を有する法人である消費者団体として、内閣総理大臣の認定を受けた者をいいます（消契2条4項、13条1項）[114]。適格消費者団体が行う業務として、不特定かつ多数の消費者の利益のために差止請求権を行使する業務並びに当該業務の遂行に必要な消費者の被害に関する情報の収集並びに消費者の被害の防止及び救済に資する差止請求権の行使の結果に関する情報の提供に係る業務（消契13条1項）が挙げられています。

　個々の消費者が、不特定かつ多数の消費者のために適切に差止請求権を行使することは、期待できません。専門的知識や情報収集能力、弁護士等の専門家に依頼する資力が不十分だからです。

　消費者団体は、消費者の視点に立った市場の監視者としての役割を担うことが期待でき、また、被害の情報収集能力やノウハウも高まり、現実的な訴訟追行能力も期待することができます[115]。

　そこで、消費者契約法は、適格消費者団体として認定されるための具体的要件を規定するとともに（消契13条〜22条）、差止請求関係業務についても詳細に規定を設け（消契23条〜29条）、訴訟手続等の特例（消契41条〜47条）を定め、監督（30条〜35条）によって業務の適正を

---
114　逐条解説20頁（ウェブ16頁）。
115　逐条解説289頁（ウェブ225頁）。

確保し、これらにより、消費者の利益の擁護を図り、もって国民生活の安定向上と国民経済の健全な発展への寄与を目的としています。

## 2 差止請求権

差止請求権は、少額でありながら高度な法的問題をはらむ紛争が拡散的に多発するという消費者取引の特性に鑑み、同種紛争の未然防止・拡大防止を図って消費者の利益を擁護することを目的として、適格消費者団体が事業者による不当な行為を差し止めることができるようにしたものです（消契12条）[116]。

### (1) 差止請求訴訟における限定解釈の可否

最高裁令和4年判決では、消費者契約法12条3項本文に基づく差止請求における限定解釈について判断を示しています。「限定解釈」という響きは、消費者の権利・利益を限定しそうに聞こえるので少し混乱しますが、そうではなく、「ある条項文言の素直な国語的解釈よりも制限されて解釈されている場合（合理的解釈、制限的解釈、修正的解釈などと呼ばれる）」[117] を指します。控訴審は、以下の最高裁昭和43年判決を引用してX条を限定解釈したうえで、同法10条に違反しないとする結論を導きました。しかし、最高裁は、消費者契約法12条2項の差止請求訴訟においてはX条について限定解釈をすることは相当でないとしました[118]。

**【最判昭和43.11.21 民集22巻12号2741号、判時542号48頁】**

建物賃貸借において1か月分の賃料滞納で無催告解除ができると定めた特約条項は、「賃貸借契約が当事者間の信頼関係を基礎とする継続的債権関係であることにかんがみれば、賃料が約定の期日に支払われず、これがため契約を解除するに当たり催告をしなくてもあながち不合理とは認められないような事情が存する場合には、無催告で解除権を行使することが許される旨を定めた約定であると解するのが相当である。」

最高裁昭和43年判決は、1か月分の賃料滞納で無催告解除ができると

---

[116] 逐条解説258頁（ウェブ201頁）。
[117] 山本豊「適格消費者団体による差止請求」（法律時報83巻8号）30頁。
[118] 堀内元城ジュリスト1587号106頁、岡田愛「判例評釈」WLJ判例コラム282号2頁、山本前掲注117)28頁、32頁。

する特約条項を素直な文言にしたがって解釈するのではなく、当事者間の信頼関係が破壊されているなど、催告しなくても不合理とは認められない事情が存する場合には、催告なしで解除権を行使することができる旨を定めた規定であると限定的に解釈したのです。最高裁令和4年判決の事案も最高裁昭和43年判決の法理にしたがって、X条について限定解釈をして、「賃料等の3か月分の滞納を理由に契約を解除するに当たり催告をしなくてもあながち不合理とは認められないような事情が存する場合には、無催告で解除権を行使することが許される旨を定めた約定」とすれば、3か月の滞納があるからといって直ちに無催告解除ができなくなりますから、限定解釈は賃借人を救済する方向に働きます。しかし、消費者契約法12条3項の差止請求では、X条についてこのような限定解釈をすると、差止請求が認められない方向に働き、消費者契約法12条の趣旨にもとります[119]。

最高裁令和4年判決では、「法12条3項本文に基づく差止請求の制度は、消費者と事業者との間の取引における同種の紛争の発生又は拡散を未然に防止し、もって消費者の利益を擁護することを目的とするものであるところ、上記差止請求の訴訟において、信義則、条理等を考慮して規範的な観点から契約の条項の文言を補う限定解釈をした場合には、解釈について疑義の生ずる不明確な条項が有効なものとして引き続き使用され、かえって消費者の利益を損なうおそれがあることに鑑みると、本件訴訟において、無催告で原契約を解除できる場合につき」「何ら限定を加えていない本件契約書13条1項前段について上記の限定解釈をすることは相当でない。」として、最高裁昭和43年判決が「示した法理が本件契約書13条1項前段に及ぶということはできず、本件契約書13条1項前段について、被上告人が賃料等の支払の遅滞を理由に原契約を解除するに当たり催告をしなくてもあながち不合理とは認められないような事情が存する場合に、無催告で解除権を行使することが許される旨を定めた条項であると解することはできない」と明言しました。

(2) 最高裁令和4年判決を活かした契約書作成

建物賃貸借の契約書では、賃料3か月分の滞納における無催告解除条項や明渡し条項などが不動文字で印刷されたものも見かけます。このよう

---

119 山野目章夫「消費者契約法12条という可能性」NBL1176号1頁。

な特約条項についての賃貸人の言い分としては、「賃料の滞納を戒めるための心理的強制として"強め"に作成した契約書であって、実際には、催告の上解除します。」というものです。このような賃貸人側の言い分は、個別的な紛争における限定解釈を前提にしています。

　しかし、差止請求訴訟（消契12条3項）は、個別具体的な紛争解決を求める訴訟ではありません。「賃料の滞納を戒めるための心理的強制」は、個別具体的な紛争が発生していない段階での心理的な効果を目指すものであり、最高裁令和4年判決は、建物賃貸借契約の事案における無催告解除特約について限定解釈は相当でないと明言していますから、これが、差止請求の対象となるのであれば、むしろ、"強め"の特約条項を設けることで、差止請求という紛争の種を一つ増やしているともいえます。実際の運用としては、滞納が発生すれば催告し、数回の催告の後、契約を解除するのであれば、無催告解除条項は、滞納が発生した時点で意味をもつものではありません。冷静に考えれば、毎月、契約書の特約条項を眺めながら賃料の支払いをしている賃借人がいるとは思えず、残高不足で引き落としがなされなかった場合には、催告通知が届けば慌てて支払をするでしょうから、滞納が重なる場合は、払いたくても払えない事情が生じていることが多いものです。

　現実の賃貸管理においては、約定の支払期日に賃料の支払いがなされなければ直ちに催告をし、2回目の滞納が生じた段階で、催告をするとともに将来の契約解除、明渡し訴訟を視野に入れ始め、3回目の滞納が生じると、催告の上、催告通知で示した期日までに滞納賃料の支払いがなければ契約を解除して、建物明渡請求訴訟を提起することが、結果としては最も早く、適法な明渡しにつながります。

　契約は、本来、対等な当事者の間の自由な意思表示の合致によるものです。当事者の一方のみに有利もしくは一方のみに不利な特約は不公正な契約と言えます。現在では、宅地や建物の賃貸借のほとんどは、宅建業者が媒介として関与しており、宅建業者の信義誠実義務（宅建業法31条1項）に照らしても、借主である消費者の知識や経験が不足していることにより契約内容についての交渉が困難であることに乗じて不公正な契約を締結させることは、「業務に関し取引の公正を害する行為をしたとき又は取引の公正を害するおそれが大であるとき」（宅建業法65条1項2号）に該当する

と言える場合もあり、指示処分の対象となります。契約条項は、可能な限り、明確で、フェアな契約条項を用いる努力をすることが求められます[120]。

---

[120] 山本豊「適格消費者団体による差止請求」（法律時報83巻8号）では、「差止訴訟においては、個別の具体的事案を前提とせず、問題となる契約条項の使用を市場で係属してもよいかにつき定型的ないし抽象的な判断が求められるため、個別性や全体性を原則として捨象して、ある条項だけを契約の他の内容や契約の個別事情から切り離して眺め、抽象的にその当・不当を判断するということにならざるを得ず、その限りで個別訴訟の判断と異なる性格を帯びる」（28頁）、「ある条項の規律内容が当該条項だけでははっきりせず、空白部分を充填して初めて明確になる場合には、複数存在する定型的充填方法の一つだけでも契約条項の無効をもたらすのであれば、差止請求が認容されるべきである」と指摘している。また、山野目章夫「不動産賃貸借の信頼関係破壊法理と消費者契約法に基づく差止請求権」（後藤巻則先生古希祝賀論文集「民法・消費者法理論の展開」10頁では、「個別事案の処理において消費者契約法10条を適用する局面と同法12条3項に基づく差止請求の局面とでは制度の作用が異なる」「消費者に有利な制限解釈が採用されるべきであるが、その制限解釈が実際上機能しないため、消費者契約法10条に該当する事態が起こる蓋然性が大きいとする評価を根拠づける事実の主張立証がされるならば、差止請求が認されることになる」としている。

# 関係法令

# 消費者契約法

(平成十二年法律第六十一号)

最終改正:令和五年六月十六日法律第六十三号

◇目次

　第一章　総則(第一条—第三条)

　第二章　消費者契約

　　第一節　消費者契約の申込み又はその承諾の意思表示の取消し(第四条—第七条)

　　第二節　消費者契約の条項の無効(第八条—第十条)

　　第三節　補則(第十一条)

　第三章　差止請求

　　第一節　差止請求権等(第十二条—第十二条の五)

　　第二節　適格消費者団体

　　　第一款　適格消費者団体の認定等(第十三条—第二十二条)

　　　第二款　差止請求関係業務等(第二十三条—第二十九条)

　　　第三款　監督(第三十条—第三十五条)

　　　第四款　補則(第三十六条—第四十条)

　　第三節　訴訟手続等の特例(第四十一条—第四十七条)

　第四章　雑則(第四十八条・第四十八条の二)

　第五章　罰則(第四十九条—第五十三条)

　附則

## 第一章　総則

(目的)

**第一条**　この法律は、消費者と事業者との間の情報の質及び量並びに交渉力の格差に鑑み、事業者の一定の行為により消費者が誤認し、又は困惑した場合等について契約の申込み又はその承諾の意思表示を取り消すことができることとするとともに、事業者の損害賠償の責任を免除する条項その他の消費者の利益を不当に害することとなる条項の全部又は一部を無効とするほか、消費者の被害の発生又は拡大を防止するため適格消費者団体が事業者等に対し差止請求をすることができることとすることにより、消費者の利益の擁護を図り、もって国民生活の安定向上と国民経済の健全な発展に寄与することを目的とする。

(定義)

**第二条**　この法律において「消費者」とは、個人(事業として又は事業のために契約の当事者となる場合におけるものを除く。)をいう。

2　この法律（第四十三条第二項第二号を除く。）において「事業者」とは、法人その他の団体及び事業として又は事業のために契約の当事者となる場合における個人をいう。
3　この法律において「消費者契約」とは、消費者と事業者との間で締結される契約をいう。
4　この法律において「適格消費者団体」とは、不特定かつ多数の消費者の利益のためにこの法律の規定による差止請求権を行使するのに必要な適格性を有する法人である消費者団体（消費者基本法（昭和四十三年法律第七十八号）第八条の消費者団体をいう。以下同じ。）として第十三条の定めるところにより内閣総理大臣の認定を受けた者をいう。
（事業者及び消費者の努力）
第三条　事業者は、次に掲げる措置を講ずるよう努めなければならない。
　一　消費者契約の条項を定めるに当たっては、消費者の権利義務その他の消費者契約の内容が、その解釈について疑義が生じない明確なもので、かつ、消費者にとって平易なものになるよう配慮すること。
　二　消費者契約の締結について勧誘をするに際しては、消費者の理解を深めるために、物品、権利、役務その他の消費者契約の目的となるものの性質に応じ、事業者が知ることができた個々の消費者の年齢、心身の状態、知識及び経験を総合的に考慮した上で、消費者の権利義務その他の消費者契約の内容についての必要な情報を提供すること。
　三　民法（明治二十九年法律第八十九号）第五百四十八条の二第一項に規定する定型取引合意に該当する消費者契約の締結について勧誘をするに際しては、消費者が同項に規定する定型約款の内容を容易に知り得る状態に置く措置を講じているときを除き、消費者が同法第五百四十八条の三第一項に規定する請求を行うために必要な情報を提供すること。
　四　消費者の求めに応じて、消費者契約により定められた当該消費者が有する解除権の行使に関して必要な情報を提供すること。
2　消費者は、消費者契約を締結するに際しては、事業者から提供された情報を活用し、消費者の権利義務その他の消費者契約の内容について理解するよう努めるものとする。

第二章　消費者契約
第一節　消費者契約の申込み又はその承諾の意思表示の取消し
（消費者契約の申込み又はその承諾の意思表示の取消し）
第四条　消費者は、事業者が消費者契約の締結について勧誘をするに際し、当該消費者に対して次の各号に掲げる行為をしたことにより当該各号に定める誤認をし、それによって当該消費者契約の申込み又はその承諾の意思表示をしたときは、これを取り消すことができる。
　一　重要事項について事実と異なることを告げること。当該告げられた内容が事実であるとの誤認
　二　物品、権利、役務その他の当該消費者契約の目的となるものに関し、将来におけるそ

の価額、将来において当該消費者が受け取るべき金額その他の将来における変動が不確実な事項につき断定的判断を提供すること。　当該提供された断定的判断の内容が確実であるとの誤認

2　消費者は、事業者が消費者契約の締結について勧誘をするに際し、当該消費者に対してある重要事項又は当該重要事項に関連する事項について当該消費者の利益となる旨を告げ、かつ、当該重要事項について当該消費者の不利益となる事実（当該告知により当該事実が存在しないと消費者が通常考えるべきものに限る。）を故意又は重大な過失によって告げなかったことにより、当該事実が存在しないとの誤認をし、それによって当該消費者契約の申込み又はその承諾の意思表示をしたときは、これを取り消すことができる。ただし、当該事業者が当該消費者に対し当該事実を告げようとしたにもかかわらず、当該消費者がこれを拒んだときは、この限りでない。

3　消費者は、事業者が消費者契約の締結について勧誘をするに際し、当該消費者に対して次に掲げる行為をしたことにより困惑し、それによって当該消費者契約の申込み又はその承諾の意思表示をしたときは、これを取り消すことができる。

一　当該事業者に対し、当該消費者が、その住居又はその業務を行っている場所から退去すべき旨の意思を示したにもかかわらず、それらの場所から退去しないこと。

二　当該事業者が当該消費者契約の締結について勧誘をしている場所から当該消費者が退去する旨の意思を示したにもかかわらず、その場所から当該消費者を退去させないこと。

三　当該消費者に対し、当該消費者契約の締結について勧誘をすることを告げずに、当該消費者が任意に退去することが困難な場所であることを知りながら、当該消費者をその場所に同行し、その場所において当該消費者契約の締結について勧誘をすること。

四　当該消費者が当該消費者契約の締結について勧誘を受けている場所において、当該消費者が当該消費者契約を締結するか否かについて相談を行うために電話その他の内閣府令で定める方法によって当該事業者以外の者と連絡する旨の意思を示したにもかかわらず、威迫する言動を交えて、当該消費者が当該方法によって連絡することを妨げること。

五　当該消費者が、社会生活上の経験が乏しいことから、次に掲げる事項に対する願望の実現に過大な不安を抱いていることを知りながら、その不安をあおり、裏付けとなる合理的な根拠がある場合その他の正当な理由がある場合でないのに、物品、権利、役務その他の当該消費者契約の目的となるものが当該願望を実現するために必要である旨を告げること。

　イ　進学、就職、結婚、生計その他の社会生活上の重要な事項
　ロ　容姿、体型その他の身体の特徴又は状況に関する重要な事項

六　当該消費者が、社会生活上の経験が乏しいことから、当該消費者契約の締結について

勧誘を行う者に対して恋愛感情その他の好意の感情を抱き、かつ、当該勧誘を行う者も当該消費者に対して同様の感情を抱いているものと誤信していることを知りながら、これに乗じ、当該消費者契約を締結しなければ当該勧誘を行う者との関係が破綻することになる旨を告げること。

七　当該消費者が、加齢又は心身の故障によりその判断力が著しく低下していることから、生計、健康その他の事項に関しその現在の生活の維持に過大な不安を抱いていることを知りながら、その不安をあおり、裏付けとなる合理的な根拠がある場合その他の正当な理由がある場合でないのに、当該消費者契約を締結しなければその現在の生活の維持が困難となる旨を告げること。

八　当該消費者に対し、霊感その他の合理的に実証することが困難な特別な能力による知見として、当該消費者又はその親族の生命、身体、財産その他の重要な事項について、そのままでは現在生じ、若しくは将来生じ得る重大な不利益を回避することができないとの不安をあおり、又はそのような不安を抱いていることに乗じて、その重大な不利益を回避するためには、当該消費者契約を締結することが必要不可欠である旨を告げること。

九　当該消費者が当該消費者契約の申込み又はその承諾の意思表示をする前に、当該消費者契約を締結したならば負うこととなる義務の内容の全部若しくは一部を実施し、又は当該消費者契約の目的物の現状を変更し、その実施又は変更前の原状の回復を著しく困難にすること。

十　前号に掲げるもののほか、当該消費者が当該消費者契約の申込み又はその承諾の意思表示をする前に、当該事業者が調査、情報の提供、物品の調達その他の当該消費者契約の締結を目指した事業活動を実施した場合において、当該事業活動が当該消費者からの特別の求めに応じたものであったことその他の取引上の社会通念に照らして正当な理由がある場合でないのに、当該事業活動が当該消費者のために特に実施したものである旨及び当該事業活動の実施により生じた損失の補償を請求する旨を告げること。

4　消費者は、事業者が消費者契約の締結について勧誘をするに際し、物品、権利、役務その他の当該消費者契約の目的となるものの分量、回数又は期間（以下この項において「分量等」という。）が当該消費者にとっての通常の分量等（消費者契約の目的となるものの内容及び取引条件並びに事業者がその締結について勧誘をする際の消費者の生活の状況及びこれについての当該消費者の認識に照らして当該消費者契約の目的となるものの分量等として通常想定される分量等をいう。以下この項において同じ。）を著しく超えるものであることを知っていた場合において、その勧誘により当該消費者契約の申込み又はその承諾の意思表示をしたときは、これを取り消すことができる。事業者が消費者契約の締結について勧誘をするに際し、消費者が既に当該消費者契約の目的となるものと同種のものを目的とする消費者契約（以下この項において「同種契約」という。）を締結し、当該同種契約の目的となるものの

分量等と当該消費者契約の目的となるものの分量等とを合算した分量等が当該消費者にとっての通常の分量等を著しく超えるものであることを知っていた場合において、その勧誘により当該消費者契約の申込み又はその承諾の意思表示をしたときも、同様とする。
5 　第一項第一号及び第二項の「重要事項」とは、消費者契約に係る次に掲げる事項（同項の場合にあっては、第三号に掲げるものを除く。）をいう。
　一　物品、権利、役務その他の当該消費者契約の目的となるものの質、用途その他の内容であって、消費者の当該消費者契約を締結するか否かについての判断に通常影響を及ぼすべきもの
　二　物品、権利、役務その他の当該消費者契約の目的となるものの対価その他の取引条件であって、消費者の当該消費者契約を締結するか否かについての判断に通常影響を及ぼすべきもの
　三　前二号に掲げるもののほか、物品、権利、役務その他の当該消費者契約の目的となるものが当該消費者の生命、身体、財産その他の重要な利益についての損害又は危険を回避するために通常必要であると判断される事情
6 　第一項から第四項までの規定による消費者契約の申込み又はその承諾の意思表示の取消しは、これをもって善意でかつ過失がない第三者に対抗することができない。
（媒介の委託を受けた第三者及び代理人）
**第五条**　前条の規定は、事業者が第三者に対し、当該事業者と消費者との間における消費者契約の締結について媒介をすることの委託（以下この項において単に「委託」という。）をし、当該委託を受けた第三者（その第三者から委託（二以上の段階にわたる委託を含む。）を受けた者を含む。以下「受託者等」という。）が消費者に対して同条第一項から第四項までに規定する行為をした場合について準用する。この場合において、同条第二項ただし書中「当該事業者」とあるのは、「当該事業者又は次条第一項に規定する受託者等」と読み替えるものとする。
2 　消費者契約の締結に係る消費者の代理人（復代理人（二以上の段階にわたり復代理人として選任された者を含む。）を含む。以下同じ。）、事業者の代理人及び受託者等の代理人は、前条第一項から第四項まで（前項において準用する場合を含む。次条から第七条までにおいて同じ。）の規定の適用については、それぞれ消費者、事業者及び受託者等とみなす。
（解釈規定）
**第六条**　第四条第一項から第四項までの規定は、これらの項に規定する消費者契約の申込み又はその承諾の意思表示に対する民法第九十六条の規定の適用を妨げるものと解してはならない。
（取消権を行使した消費者の返還義務）
**第六条の二**　民法第百二十一条の二第一項の規定にかかわらず、消費者契約に基づく債務

の履行として給付を受けた消費者は、第四条第一項から第四項までの規定により当該消費者契約の申込み又はその承諾の意思表示を取り消した場合において、給付を受けた当時その意思表示が取り消すことができるものであることを知らなかったときは、当該消費者契約によって現に利益を受けている限度において、返還の義務を負う。
（取消権の行使期間等）

**第七条** 第四条第一項から第四項までの規定による取消権は、追認をすることができる時から一年間（同条第三項第八号に係る取消権については、三年間）行わないときは、時効によって消滅する。当該消費者契約の締結の時から五年（同号に係る取消権については、十年）を経過したときも、同様とする。

2　会社法（平成十七年法律第八十六号）その他の法律により詐欺又は強迫を理由として取消しをすることができないものとされている株式若しくは出資の引受け又は基金の拠出が消費者契約としてされた場合には、当該株式若しくは出資の引受け又は基金の拠出に係る意思表示については、第四条第一項から第四項までの規定によりその取消しをすることができない。

（事業者の損害賠償の責任を免除する条項等の無効）

**第八条**　次に掲げる消費者契約の条項は、無効とする。
　一　事業者の債務不履行により消費者に生じた損害を賠償する責任の全部を免除し、又は当該事業者にその責任の有無を決定する権限を付与する条項
　二　事業者の債務不履行（当該事業者、その代表者又はその使用する者の故意又は重大な過失によるものに限る。）により消費者に生じた損害を賠償する責任の一部を免除し、又は当該事業者にその責任の限度を決定する権限を付与する条項
　三　消費者契約における事業者の債務の履行に際してされた当該事業者の不法行為により消費者に生じた損害を賠償する責任の全部を免除し、又は当該事業者にその責任の有無を決定する権限を付与する条項
　四　消費者契約における事業者の債務の履行に際してされた当該事業者の不法行為（当該事業者、その代表者又はその使用する者の故意又は重大な過失によるものに限る。）により消費者に生じた損害を賠償する責任の一部を免除し、又は当該事業者にその責任の限度を決定する権限を付与する条項

2　前項第一号又は第二号に掲げる条項のうち、消費者契約が有償契約である場合において、引き渡された目的物が種類又は品質に関して契約の内容に適合しないとき（当該消費者契約が請負契約である場合には、請負人が種類又は品質に関して契約の内容に適合しない仕事の目的物を注文者に引き渡したとき（その引渡しを要しない場合には、仕事が終了した時に仕事の目的物が種類又は品質に関して契約の内容に適合しないとき。）。以下この項において同じ。）に、これにより消費者に生じた損害を賠償する事業者の責任を免除し、又は当該事業者にその責任の有無若しくは限度を決定する権限を付与するものについては、次に掲げる場

合に該当するときは、前項の規定は、適用しない。
一　当該消費者契約において、引き渡された目的物が種類又は品質に関して契約の内容に適合しないときに、当該事業者が履行の追完をする責任又は不適合の程度に応じた代金若しくは報酬の減額をする責任を負うこととされている場合
二　当該消費者と当該事業者の委託を受けた他の事業者との間の契約又は当該事業者と他の事業者との間の当該消費者のためにする契約で、当該消費者契約の締結に先立って又はこれと同時に締結されたものにおいて、引き渡された目的物が種類又は品質に関して契約の内容に適合しないときに、当該他の事業者が、その目的物が種類又は品質に関して契約の内容に適合しないことにより当該消費者に生じた損害を賠償する責任の全部若しくは一部を負い、又は履行の追完をする責任を負うこととされている場合

3　事業者の債務不履行（当該事業者、その代表者又はその使用する者の故意又は重大な過失によるものを除く。）又は消費者契約における事業者の債務の履行に際してされた当該事業者の不法行為（当該事業者、その代表者又はその使用する者の故意又は重大な過失によるものを除く。）により消費者に生じた損害を賠償する責任の一部を免除する消費者契約の条項であって、当該条項において事業者、その代表者又はその使用する者の重大な過失を除く過失による行為にのみ適用されることを明らかにしていないものは、無効とする。

（消費者の解除権を放棄させる条項等の無効）

**第八条の二**　事業者の債務不履行により生じた消費者の解除権を放棄させ、又は当該事業者にその解除権の有無を決定する権限を付与する消費者契約の条項は、無効とする。

（事業者に対し後見開始の審判等による解除権を付与する条項の無効）

**第八条の三**　事業者に対し、消費者が後見開始、保佐開始又は補助開始の審判を受けたことのみを理由とする解除権を付与する消費者契約（消費者が事業者に対し物品、権利、役務その他の消費者契約の目的となるものを提供することとされているものを除く。）の条項は、無効とする。

（消費者が支払う損害賠償の額を予定する条項等の無効等）

**第九条**　次の各号に掲げる消費者契約の条項は、当該各号に定める部分について、無効とする。
一　当該消費者契約の解除に伴う損害賠償の額を予定し、又は違約金を定める条項であって、これらを合算した額が、当該条項において設定された解除の事由、時期等の区分に応じ、当該消費者契約と同種の消費者契約の解除に伴い当該事業者に生ずべき平均的な損害の額を超えるもの　当該超える部分
二　当該消費者契約に基づき支払うべき金銭の全部又は一部を消費者が支払期日（支払回数が二以上である場合には、それぞれの支払期日。以下この号において同じ。）までに支払わない場合における損害賠償の額を予定し、又は違約金を定める条項であって、これ

らを合算した額が、支払期日の翌日からその支払をする日までの期間について、その日数に応じ、当該支払期日に支払うべき額から当該支払期日に支払うべき額のうち既に支払われた額を控除した額に年十四・六パーセントの割合を乗じて計算した額を超えるもの　当該超える部分

2　事業者は、消費者に対し、消費者契約の解除に伴う損害賠償の額を予定し、又は違約金を定める条項に基づき損害賠償又は違約金の支払を請求する場合において、当該消費者から説明を求められたときは、損害賠償の額の予定又は違約金の算定の根拠（第十二条の四において「算定根拠」という。）の概要を説明するよう努めなければならない。

（消費者の利益を一方的に害する条項の無効）

第十条　消費者の不作為をもって当該消費者が新たな消費者契約の申込み又はその承諾の意思表示をしたものとみなす条項その他の法令中の公の秩序に関しない規定の適用による場合に比して消費者の権利を制限し又は消費者の義務を加重する消費者契約の条項であって、民法第一条第二項に規定する基本原則に反して消費者の利益を一方的に害するものは、無効とする。

（他の法律の適用）

第十一条　消費者契約の申込み又はその承諾の意思表示の取消し及び消費者契約の条項の効力については、この法律の規定によるほか、民法及び商法（明治三十二年法律第四十八号）の規定による。

2　消費者契約の申込み又はその承諾の意思表示の取消し及び消費者契約の条項の効力について民法及び商法以外の他の法律に別段の定めがあるときは、その定めるところによる。

第三章　差止請求

第一節　差止請求権等

（差止請求権）

第十二条　適格消費者団体は、事業者、受託者等又は事業者の代理人若しくは受託者等の代理人（以下この項及び第四十三条第二項第一号において「事業者等」と総称する。）が、消費者契約の締結について勧誘をするに際し、不特定かつ多数の消費者に対して第四条第一項から第四項までに規定する行為（同条第二項に規定する行為にあっては、同項ただし書の場合に該当するものを除く。次項において同じ。）を現に行い又は行うおそれがあるときは、その事業者等に対し、当該行為の停止若しくは予防又は当該行為に供した物の廃棄若しくは除去その他の当該行為の停止若しくは予防に必要な措置をとることを請求することができる。ただし、民法及び商法以外の他の法律の規定によれば当該行為を理由として当該消費者契約を取り消すことができないときは、この限りでない。

2　適格消費者団体は、次の各号に掲げる者が、消費者契約の締結について勧誘をするに際し、不特定かつ多数の消費者に対して第四条第一項から第四項までに規定する行為を現に

行い又は行うおそれがあるときは、当該各号に定める者に対し、当該各号に掲げる者に対する是正の指示又は教唆の停止その他の当該行為の停止又は予防に必要な措置をとることを請求することができる。この場合においては、前項ただし書の規定を準用する。
　一　受託者等　当該受託者等に対して委託（二以上の段階にわたる委託を含む。）をした事業者又は他の受託者等
　二　事業者の代理人又は受託者等の代理人　当該代理人を自己の代理人とする事業者若しくは受託者等又はこれらの他の代理人
3　適格消費者団体は、事業者又はその代理人が、消費者契約を締結するに際し、不特定かつ多数の消費者との間で第八条から第十条までに規定する消費者契約の条項（第八条第一項第一号又は第二号に掲げる消費者契約の条項にあっては、同条第二項の場合に該当するものを除く。次項及び第十二条の三第一項において同じ。）を含む消費者契約の申込み又はその承諾の意思表示を現に行い又は行うおそれがあるときは、その事業者又はその代理人に対し、当該行為の停止若しくは予防又は当該行為に供した物の廃棄若しくは除去その他の当該行為の停止若しくは予防に必要な措置をとることを請求することができる。ただし、民法及び商法以外の他の法律の規定によれば当該消費者契約の条項が無効とされないときは、この限りでない。
4　適格消費者団体は、事業者の代理人が、消費者契約を締結するに際し、不特定かつ多数の消費者との間で第八条から第十条までに規定する消費者契約の条項を含む消費者契約の申込み又はその承諾の意思表示を現に行い又は行うおそれがあるときは、当該代理人を自己の代理人とする事業者又は他の代理人に対し、当該代理人に対する是正の指示又は教唆の停止その他の当該行為の停止又は予防に必要な措置をとることを請求することができる。この場合においては、前項ただし書の規定を準用する。
（差止請求の制限）

**第十二条の二**　前条、不当景品類及び不当表示防止法（昭和三十七年法律第百三十四号）第三十条第一項、特定商取引に関する法律（昭和五十一年法律第五十七号）第五十八条の十八から第五十八条の二十四まで又は食品表示法（平成二十五年法律第七十号）第十一条の規定による請求（以下「差止請求」という。）は、次に掲げる場合には、することができない。
　一　当該適格消費者団体若しくは第三者の不正な利益を図り又は当該差止請求に係る相手方に損害を加えることを目的とする場合
　二　他の適格消費者団体を当事者とする差止請求に係る訴訟等（訴訟並びに和解の申立てに係る手続、調停及び仲裁をいう。以下同じ。）につき既に確定判決等（確定判決及びこれと同一の効力を有するものをいい、次のイからハまでに掲げるものを除く。以下同じ。）が存する場合において、請求の内容及び相手方が同一である場合。ただし、当該他の適

格消費者団体について、当該確定判決等に係る訴訟等の手続に関し、第十三条第一項の認定が第三十四条第一項第四号に掲げる事由により取り消され、又は同条第三項の規定により同号に掲げる事由があった旨の認定がされたときは、この限りでない。
 イ 訴えを却下した確定判決
 ロ 前号に掲げる場合に該当することのみを理由として差止請求を棄却した確定判決　及び仲裁判断
 ハ 差止請求をする権利（以下「差止請求権」という。）の不存在又は差止請求権に係る債務の不存在の確認の請求（第二十四条において「差止請求権不存在等確認請求」という。）を棄却した確定判決及びこれと同一の効力を有するもの
2　前項第二号本文の規定は、当該確定判決に係る訴訟の口頭弁論の終結後又は当該確定判決と同一の効力を有するものの成立後に生じた事由に基づいて同号本文に掲げる場合の当該差止請求をすることを妨げない。
（消費者契約の条項の開示要請）
**第十二条の三**　適格消費者団体は、事業者又はその代理人が、消費者契約を締結するに際し、不特定かつ多数の消費者との間で第八条から第十条までに規定する消費者契約の条項を含む消費者契約の申込み又はその承諾の意思表示を現に行い又は行うおそれがあると疑うに足りる相当の理由があるときは、内閣府令で定めるところにより、その事業者又はその代理人に対し、その理由を示して、当該条項を開示するよう要請することができる。ただし、当該事業者又はその代理人が、当該条項を含む消費者契約の条項をインターネットの利用その他の適切な方法により公表しているときは、この限りでない。
2　事業者又はその代理人は、前項の規定による要請に応じるよう努めなければならない。
（損害賠償の額を予定する条項等に関する説明の要請等）
**第十二条の四**　適格消費者団体は、消費者契約の解除に伴う損害賠償の額を予定し、又は違約金を定める条項におけるこれらを合算した額が第九条第一項第一号に規定する平均的な損害の額を超えると疑うに足りる相当な理由があるときは、内閣府令で定めるところにより、当該条項を定める事業者に対し、その理由を示して、当該条項に係る算定根拠を説明するよう要請することができる。
2　事業者は、前項の算定根拠に営業秘密（不正競争防止法（平成五年法律第四十七号）第二条第六項に規定する営業秘密をいう。）が含まれる場合その他の正当な理由がある場合を除き、前項の規定による要請に応じるよう努めなければならない。
（差止請求に係る講じた措置の開示要請）
**第十二条の五**　第十二条第三項又は第四項の規定による請求により事業者又はその代理人がこれらの規定に規定する行為の停止若しくは予防又は当該行為の停止若しくは予防に必要な措置をとる義務を負うときは、当該請求をした適格消費者団体は、内閣府令で定めるところに

より、その事業者又はその代理人に対し、これらの者が当該義務を履行するために講じた措置の内容を開示するよう要請することができる。

2　事業者又はその代理人は、前項の規定による要請に応じるよう努めなければならない。

## 第二節　適格消費者団体
### 第一款　適格消費者団体の認定等

（適格消費者団体の認定）

第十三条　差止請求関係業務（不特定かつ多数の消費者の利益のために差止請求権を行使する業務並びに当該業務の遂行に必要な消費者の被害に関する情報の収集並びに消費者の被害の防止及び救済に資する差止請求権の行使の結果に関する情報の収集及び提供に係る業務をいう。以下同じ。）を行おうとする者は、内閣総理大臣の認定を受けなければならない。

2　前項の認定を受けようとする者は、内閣総理大臣に認定の申請をしなければならない。

3　内閣総理大臣は、前項の申請をした者が次に掲げる要件の全てに適合しているときに限り、第一項の認定をすることができる。

一　特定非営利活動促進法（平成十年法律第七号）第二条第二項に規定する特定非営利活動法人又は一般社団法人若しくは一般財団法人であること。

二　消費生活に関する情報の収集及び提供並びに消費者の被害の防止及び救済のための活動その他の不特定かつ多数の消費者の利益の擁護を図るための活動を行うことを主たる目的とし、現にその活動を相当期間にわたり継続して適正に行っていると認められること。

三　差止請求関係業務の実施に係る組織、差止請求関係業務の実施の方法、差止請求関係業務に関して知り得た情報の管理及び秘密の保持の方法その他の差止請求関係業務を適正に遂行するための体制及び業務規程が適切に整備されていること。

四　その理事に関し、次に掲げる要件に適合するものであること。

　イ　差止請求関係業務の執行を決定する機関として理事をもって構成する理事会が置かれており、かつ、定款で定めるその決定の方法が次に掲げる要件に適合していると認められること。

　　(1)　当該理事会の決議が理事の過半数又はこれを上回る割合以上の多数決により行われるものとされていること。

　　(2)　第四十一条第一項の規定による差止請求、差止請求に係る訴えの提起その他の差止請求関係業務の執行に係る重要な事項の決定が理事その他の者に委任されていないこと。

　ロ　理事の構成が次の(1)又は(2)のいずれかに該当するものでないこと。この場合において、第二号に掲げる要件に適合する者は、次の(1)又は(2)に規定する事業者に該当しないものとみなす。

⑴　理事の数のうちに占める特定の事業者（当該事業者との間に発行済株式の総数の二分の一以上の株式の数を保有する関係その他の内閣府令で定める特別の関係のある者を含む。）の関係者（当該事業者及びその役員又は職員である者その他の内閣府令で定める者をいう。⑵において同じ。）の数の割合が三分の一を超えていること。
　　⑵　理事の数のうちに占める同一の業種（内閣府令で定める事業の区分をいう。）に属する事業を行う事業者の関係者の数の割合が二分の一を超えていること。
　五　差止請求の要否及びその内容についての検討を行う部門において次のイ及びロに掲げる者（以下「専門委員」と総称する。）が共にその専門的な知識経験に基づいて必要な助言を行い又は意見を述べる体制が整備されていることその他差止請求関係業務を遂行するための人的体制に照らして、差止請求関係業務を適正に遂行することができる専門的な知識経験を有すると認められること。
　　イ　消費生活に関する消費者と事業者との間に生じた苦情に係る相談（第四十条第一項において「消費生活相談」という。）その他の消費生活に関する事項について専門的な知識経験を有する者として内閣府令で定める条件に適合する者
　　ロ　弁護士、司法書士その他の法律に関する専門的な知識経験を有する者として内閣府令で定める条件に適合する者
　六　差止請求関係業務を適正に遂行するに足りる経理的基礎を有すること。
　七　差止請求関係業務以外の業務を行う場合には、その業務を行うことによって差止請求関係業務の適正な遂行に支障を及ぼすおそれがないこと。
4　前項第三号の業務規程には、差止請求関係業務の実施の方法、差止請求関係業務に関して知り得た情報の管理及び秘密の保持の方法その他の内閣府令で定める事項が定められていなければならない。この場合において、業務規程に定める差止請求関係業務の実施の方法には、同項第五号の検討を行う部門における専門委員からの助言又は意見の聴取に関する措置及び役員、職員又は専門委員が差止請求に係る相手方と特別の利害関係を有する場合の措置その他業務の公正な実施の確保に関する措置が含まれていなければならない。
5　次の各号のいずれかに該当する者は、第一項の認定を受けることができない。
　一　この法律、消費者の財産的被害等の集団的な回復のための民事の裁判手続の特例に関する法律（平成二十五年法律第九十六号。以下「消費者裁判手続特例法」という。）その他消費者の利益の擁護に関する法律で政令で定めるもの若しくはこれらの法律に基づく命令の規定又はこれらの規定に基づく処分に違反して罰金の刑に処せられ、その刑の執行を終わり、又はその刑の執行を受けることがなくなった日から三年を経過しない法人
　二　第三十四条第一項各号若しくは消費者裁判手続特例法第九十二条第二項各号に掲げる事由により第一項の認定を取り消され、又は第三十四条第三項の規定により同条第一項

第四号に掲げる事由があった旨の認定がされ、その取消し又は認定の日から三年を経過しない法人
- 三　暴力団員による不当な行為の防止等に関する法律（平成三年法律第七十七号）第二条第六号に規定する暴力団員又は同号に規定する暴力団員でなくなった日から五年を経過しない者（次号及び第六号ハにおいて「暴力団員等」という。）がその事業活動を支配する法人
- 四　暴力団員等をその業務に従事させ、又はその業務の補助者として使用するおそれのある法人
- 五　政治団体（政治資金規正法（昭和二十三年法律第百九十四号）第三条第一項に規定する政治団体をいう。）
- 六　役員のうちに次のイからハまでのいずれかに該当する者のある法人
  - イ　禁錮以上の刑に処せられ、又はこの法律、消費者裁判手続特例法その他消費者の利益の擁護に関する法律で政令で定めるもの若しくはこれらの法律に基づく命令の規定若しくはこれらの規定に基づく処分に違反して罰金の刑に処せられ、その刑の執行を終わり、又はその刑の執行を受けることがなくなった日から三年を経過しない者
  - ロ　適格消費者団体が第三十四条第一項各号若しくは消費者裁判手続特例法第九十二条第二項各号に掲げる事由により第一項の認定を取り消され、又は第三十四条第三項の規定により同条第一項第四号に掲げる事由があった旨の認定がされた場合において、その取消し又は認定の日前六月以内に当該適格消費者団体の役員であった者でその取消し又は認定の日から三年を経過しないもの
  - ハ　暴力団員等

（認定の申請）

**第十四条**　前条第二項の申請は、次に掲げる事項を記載した申請書を内閣総理大臣に提出してしなければならない。
- 一　名称及び住所並びに代表者の氏名
- 二　差止請求関係業務を行おうとする事務所の所在地
- 三　前二号に掲げるもののほか、内閣府令で定める事項

2　前項の申請書には、次に掲げる書類を添付しなければならない。
- 一　定款
- 二　不特定かつ多数の消費者の利益の擁護を図るための活動を相当期間にわたり継続して適正に行っていることを証する書類
- 三　差止請求関係業務に関する業務計画書
- 四　差止請求関係業務を適正に遂行するための体制が整備されていることを証する書類
- 五　業務規程

六　役員、職員及び専門委員に関する次に掲げる書類
　イ　氏名、役職及び職業を記載した書類
　ロ　住所、略歴その他内閣府令で定める事項を記載した書類
七　前条第三項第一号の法人の社員について、その数及び個人又は法人その他の団体の別（社員が法人その他の団体である場合にあっては、その構成員の数を含む。）を記載した書類
八　最近の事業年度における財産目録、貸借対照表又は次のイ若しくはロに掲げる法人の区分に応じ、当該イ若しくはロに定める書類（第三十一条第一項において「財産目録等」という。）その他の経理的基礎を有することを証する書類
　イ　特定非営利活動促進法第二条第二項に規定する特定非営利活動法人　同法第二十七条第三号に規定する活動計算書
　ロ　一般社団法人又は一般財団法人　一般社団法人及び一般財団法人に関する法律（平成十八年法律第四十八号）第百二十三条第二項（同法第百九十九条において準用する場合を含む。）に規定する損益計算書（公益社団法人及び公益財団法人の認定等に関する法律（平成十八年法律第四十九号）第五条に規定する公益認定を受けている場合にあっては、内閣府令で定める書類）
九　前条第五項各号のいずれにも該当しないことを誓約する書面
十　差止請求関係業務以外の業務を行う場合には、その業務の種類及び概要を記載した書類
十一　その他内閣府令で定める書類

（認定の申請に関する公告及び縦覧等）

**第十五条**　内閣総理大臣は、前条の規定による認定の申請があった場合には、遅滞なく、内閣府令で定めるところにより、その旨並びに同条第一項第一号及び第二号に掲げる事項を公告するとともに、同条第二項各号（第六号ロ、第九号及び第十一号を除く。）に掲げる書類を、公告の日から二週間、公衆の縦覧に供しなければならない。

2　内閣総理大臣は、第十三条第一項の認定をしようとするときは、同条第三項第二号に規定する事由の有無について、経済産業大臣の意見を聴くものとする。

3　内閣総理大臣は、前条の規定による認定の申請をした者について第十三条第五項第三号、第四号又は第六号ハに該当する疑いがあると認めるときは、警察庁長官の意見を聴くものとする。

（認定の公示等）

**第十六条**　内閣総理大臣は、第十三条第一項の認定をしたときは、内閣府令で定めるところにより、当該適格消費者団体の名称及び住所、差止請求関係業務を行う事務所の所在地並びに当該認定をした日を公示するとともに、当該適格消費者団体に対し、その旨を書面により

通知するものとする。

2 適格消費者団体は、内閣府令で定めるところにより、適格消費者団体である旨について、差止請求関係業務を行う事務所において見やすいように掲示するとともに、電気通信回線に接続して行う自動公衆送信（公衆によって直接受信されることを目的として公衆からの求めに応じ自動的に送信を行うことをいい、放送又は有線放送に該当するものを除く。）により公衆の閲覧に供しなければならない。

3 適格消費者団体でない者は、その名称中に適格消費者団体であると誤認されるおそれのある文字を用い、又はその業務に関し、適格消費者団体であると誤認されるおそれのある表示をしてはならない。

（認定の有効期間等）

**第十七条** 第十三条第一項の認定の有効期間は、当該認定の日から起算して六年とする。

2 前項の有効期間の満了後引き続き差止請求関係業務を行おうとする適格消費者団体は、その有効期間の更新を受けなければならない。

3 前項の有効期間の更新を受けようとする適格消費者団体は、第一項の有効期間の満了の日の九十日前から六十日前までの間（以下この項において「更新申請期間」という。）に、内閣総理大臣に有効期間の更新の申請をしなければならない。ただし、災害その他やむを得ない事由により更新申請期間にその申請をすることができないときは、この限りでない。

4 前項の申請があった場合において、第一項の有効期間の満了の日までにその申請に対する処分がされないときは、従前の認定は、同項の有効期間の満了後もその処分がされるまでの間は、なお効力を有する。

5 前項の場合において、第二項の有効期間の更新がされたときは、その認定の有効期間は、従前の認定の有効期間の満了の日の翌日から起算するものとする。

6 第十三条（第一項及び第五項第二号を除く。）、第十四条、第十五条及び前条第一項の規定は、第二項の有効期間の更新について準用する。ただし、第十四条第二項各号に掲げる書類については、既に内閣総理大臣に提出されている当該書類の内容に変更がないときは、その添付を省略することができる。

（変更の届出）

**第十八条** 適格消費者団体は、第十四条第一項各号に掲げる事項又は同条第二項各号（第二号及び第十一号を除く。）に掲げる書類に記載した事項に変更があったときは、遅滞なく、内閣府令で定めるところにより、その旨を内閣総理大臣に届け出なければならない。ただし、その変更が内閣府令で定める軽微なものであるときは、この限りでない。

（合併の届出及び認可等）

**第十九条** 適格消費者団体である法人が他の適格消費者団体である法人と合併をしたときは、合併後存続する法人又は合併により設立された法人は、合併により消滅した法人のこの法律

の規定による適格消費者団体としての地位を承継する。
2　前項の規定により合併により消滅した法人のこの法律の規定による適格消費者団体としての地位を承継した法人は、遅滞なく、その旨を内閣総理大臣に届け出なければならない。
3　適格消費者団体である法人が適格消費者団体でない法人と合併（適格消費者団体である法人が存続するものを除く。以下この条及び第二十二条第二号において同じ。）をした場合には、合併後存続する法人又は合併により設立された法人は、その合併について内閣総理大臣の認可がされたときに限り、合併により消滅した法人のこの法律の規定による適格消費者団体としての地位を承継する。
4　前項の認可を受けようとする適格消費者団体である法人及び適格消費者団体でない法人は、共同して、その合併がその効力を生ずる日の九十日前から六十日前までの間（以下この項において「認可申請期間」という。）に、内閣総理大臣に認可の申請をしなければならない。ただし、災害その他やむを得ない事由により認可申請期間にその申請をすることができないときは、この限りでない。
5　前項の申請があった場合において、その合併がその効力を生ずる日までにその申請に対する処分がされないときは、合併後存続する法人又は合併により設立された法人は、その処分がされるまでの間は、合併により消滅した法人のこの法律の規定による適格消費者団体としての地位を承継しているものとみなす。
6　第十三条（第一項を除く。）、第十四条、第十五条及び第十六条第一項の規定は、第三項の認可について準用する。
7　適格消費者団体である法人は、適格消費者団体でない法人と合併をする場合において、第四項の申請をしないときは、その合併がその効力を生ずる日までに、その旨を内閣総理大臣に届け出なければならない。
8　内閣総理大臣は、第二項又は前項の規定による届出があったときは、内閣府令で定めるところにより、その旨を公示するものとする。
　　（事業の譲渡の届出及び認可等）
**第二十条**　適格消費者団体である法人が他の適格消費者団体である法人に対し差止請求関係業務に係る事業の全部の譲渡をしたときは、その譲渡を受けた法人は、その譲渡をした法人のこの法律の規定による適格消費者団体としての地位を承継する。
2　前項の規定によりその譲渡をした法人のこの法律の規定による適格消費者団体としての地位を承継した法人は、遅滞なく、その旨を内閣総理大臣に届け出なければならない。
3　適格消費者団体である法人が適格消費者団体でない法人に対し差止請求関係業務に係る事業の全部の譲渡をした場合には、その譲渡を受けた法人は、その譲渡について内閣総理大臣の認可がされたときに限り、その譲渡をした法人のこの法律の規定による適格消費者団体としての地位を承継する。

4　前項の認可を受けようとする適格消費者団体である法人及び適格消費者団体でない法人は、共同して、その譲渡の日の九十日前から六十日前までの間（以下この項において「認可申請期間」という。）に、内閣総理大臣に認可の申請をしなければならない。ただし、災害その他やむを得ない事由により認可申請期間にその申請をすることができないときは、この限りでない。
5　前項の申請があった場合において、その譲渡の日までにその申請に対する処分がされないときは、その譲渡を受けた法人は、その処分がされるまでの間は、その譲渡をした法人のこの法律の規定による適格消費者団体としての地位を承継しているものとみなす。
6　第十三条（第一項を除く。）、第十四条、第十五条及び第十六条第一項の規定は、第三項の認可について準用する。
7　適格消費者団体である法人は、適格消費者団体でない法人に対し差止請求関係業務に係る事業の全部の譲渡をする場合において、第四項の申請をしないときは、その譲渡の日までに、その旨を内閣総理大臣に届け出なければならない。
8　内閣総理大臣は、第二項又は前項の規定による届出があったときは、内閣府令で定めるところにより、その旨を公示するものとする。

（解散の届出等）

**第二十一条**　適格消費者団体が次の各号に掲げる場合のいずれかに該当することとなったときは、当該各号に定める者は、遅滞なく、その旨を内閣総理大臣に届け出なければならない。
　一　破産手続開始の決定により解散した場合　破産管財人
　二　合併及び破産手続開始の決定以外の理由により解散した場合　清算人
　三　差止請求関係業務を廃止した場合　法人の代表者
2　内閣総理大臣は、前項の規定による届出があったときは、内閣府令で定めるところにより、その旨を公示するものとする。

（認定の失効）

**第二十二条**　適格消費者団体について、次のいずれかに掲げる事由が生じたときは、第十三条第一項の認定は、その効力を失う。
　一　第十三条第一項の認定の有効期間が経過したとき（第十七条第四項に規定する場合にあっては、更新拒否処分がされたとき）。
　二　適格消費者団体である法人が適格消費者団体でない法人と合併をした場合において、その合併が第十九条第三項の認可を経ずにその効力を生じたとき（同条第五項に規定する場合にあっては、その合併の不認可処分がされたとき）。
　三　適格消費者団体である法人が適格消費者団体でない法人に対し差止請求関係業務に係る事業の全部の譲渡をした場合において、その譲渡が第二十条第三項の認可を経ずにされたとき（同条第五項に規定する場合にあっては、その譲渡の不認可処分がされたとき）。

四　適格消費者団体が前条第一項各号に掲げる場合のいずれかに該当することとなったとき。

## 第二款　差止請求関係業務等

（差止請求権の行使等）

**第二十三条**　適格消費者団体は、不特定かつ多数の消費者の利益のために、差止請求権を適切に行使しなければならない。

2　適格消費者団体は、差止請求権を濫用してはならない。

3　適格消費者団体は、事案の性質に応じて他の適格消費者団体と共同して差止請求権を行使するほか、差止請求関係業務について相互に連携を図りながら協力するように努めなければならない。

4　適格消費者団体は、次に掲げる場合には、内閣府令で定めるところにより、遅滞なく、その旨を他の適格消費者団体に通知するとともに、その旨及びその内容その他内閣府令で定める事項を内閣総理大臣に報告しなければならない。この場合において、当該適格消費者団体が、当該通知及び報告に代えて、すべての適格消費者団体及び内閣総理大臣が電磁的方法（電子情報処理組織を使用する方法その他の情報通信の技術を利用する方法をいう。以下同じ。）を利用して同一の情報を閲覧することができる状態に置く措置であって内閣府令で定めるものを講じたときは、当該通知及び報告をしたものとみなす。

一　第四十一条第一項（同条第三項において準用する場合を含む。）の規定による差止請求をしたとき。

二　前号に掲げる場合のほか、裁判外において差止請求をしたとき。

三　差止請求に係る訴えの提起（和解の申立て、調停の申立て又は仲裁合意を含む。）又は仮処分命令の申立てがあったとき。

四　差止請求に係る判決の言渡し（調停の成立、調停に代わる決定の告知又は仲裁判断を含む。）又は差止請求に係る仮処分命令の申立てについての決定の告知があったとき。

五　前号の判決に対する上訴の提起（調停に代わる決定に対する異議の申立て又は仲裁判断の取消しの申立てを含む。）又は同号の決定に対する不服の申立てがあったとき。

六　第四号の判決（調停に代わる決定又は仲裁判断を含む。）又は同号の決定が確定したとき。

七　差止請求に係る裁判上の和解が成立したとき。

八　前二号に掲げる場合のほか、差止請求に係る訴訟（和解の申立てに係る手続、調停手続又は仲裁手続を含む。）又は差止請求に係る仮処分命令に関する手続が終了したとき。

九　差止請求に係る裁判外の和解が成立したときその他差止請求に関する相手方との間の協議が調ったとき、又はこれが調わなかったとき。

十　差止請求に関し、請求の放棄、和解、上訴の取下げその他の内閣府令で定める手続に係る行為であって、それにより確定判決及びこれと同一の効力を有するものが存することとなるものをしようとするとき。
　十一　その他差止請求に関し内閣府令で定める手続に係る行為がされたとき。
5　内閣総理大臣は、前項の規定による報告を受けたときは、すべての適格消費者団体並びに内閣総理大臣及び経済産業大臣が電磁的方法を利用して同一の情報を閲覧することができる状態に置く措置その他の内閣府令で定める方法により、他の適格消費者団体及び経済産業大臣に当該報告の日時及び概要その他内閣府令で定める事項を伝達するものとする。
6　適格消費者団体について、第十二条の二第一項第二号本文の確定判決等で強制執行をすることができるものが存する場合には、当該適格消費者団体は、当該確定判決等に係る差止請求権を放棄することができない。
　（消費者の被害に関する情報の取扱い）
**第二十四条**　適格消費者団体は、差止請求権の行使（差止請求権不存在等確認請求に係る訴訟を含む。第二十八条において同じ。）に関し、消費者から収集した消費者の被害に関する情報をその相手方その他の第三者が当該被害に係る消費者を識別することができる方法で利用するに当たっては、あらかじめ、当該消費者の同意を得なければならない。
　（秘密保持義務）
**第二十五条**　適格消費者団体の役員、職員若しくは専門委員又はこれらの職にあった者は、正当な理由がなく、差止請求関係業務に関して知り得た秘密を漏らしてはならない。
　（氏名等の明示）
**第二十六条**　適格消費者団体の差止請求関係業務に従事する者は、その差止請求関係業務を行うに当たり、相手方の請求があったときは、当該適格消費者団体の名称、自己の氏名及び適格消費者団体における役職又は地位その他内閣府令で定める事項を、その相手方に明らかにしなければならない。
　（判決等に関する情報の提供）
**第二十七条**　適格消費者団体は、消費者の被害の防止及び救済に資するため、消費者に対し、差止請求に係る判決（確定判決と同一の効力を有するもの及び仮処分命令の申立てについての決定を含む。）又は裁判外の和解の内容その他必要な情報を提供するよう努めなければならない。
　（財産上の利益の受領の禁止等）
**第二十八条**　適格消費者団体は、次に掲げる場合を除き、その差止請求に係る相手方から、その差止請求権の行使に関し、寄附金、賛助金その他名目のいかんを問わず、金銭その他の財産上の利益を受けてはならない。
　一　差止請求に係る判決（確定判決と同一の効力を有するもの及び仮処分命令の申立て

についての決定を含む。以下この項において同じ。）又は民事訴訟法（平成八年法律第百九号）第七十三条第一項の決定により訴訟費用（和解の費用、調停手続の費用及び仲裁手続の費用を含む。）を負担することとされた相手方から当該訴訟費用に相当する額の償還として財産上の利益を受けるとき。
　二　差止請求に係る判決に基づいて民事執行法（昭和五十四年法律第四号）第百七十二条第一項の規定により命じられた金銭の支払として財産上の利益を受けるとき。
　三　差止請求に係る判決に基づく強制執行の執行費用に相当する額の償還として財産上の利益を受けるとき。
　四　差止請求に係る相手方の債務の履行を確保するために約定された違約金の支払として財産上の利益を受けるとき。
2　適格消費者団体の役員、職員又は専門委員は、適格消費者団体の差止請求に係る相手方から、その差止請求権の行使に関し、寄附金、賛助金その他名目のいかんを問わず、金銭その他の財産上の利益を受けてはならない。
3　適格消費者団体又はその役員、職員若しくは専門委員は、適格消費者団体の差止請求に係る相手方から、その差止請求権の行使に関し、寄附金、賛助金その他名目のいかんを問わず、金銭その他の財産上の利益を第三者に受けさせてはならない。
4　前三項に規定する差止請求に係る相手方からその差止請求権の行使に関して受け又は受けさせてはならない財産上の利益には、その相手方がその差止請求権の行使に関してした不法行為によって生じた損害の賠償として受け又は受けさせる財産上の利益は含まれない。
5　適格消費者団体は、第一項各号に規定する財産上の利益を受けたときは、これに相当する金額を積み立て、これを差止請求関係業務に要する費用に充てなければならない。
6　適格消費者団体は、その定款において、差止請求関係業務を廃止し、又は第十三条第一項の認定の失効（差止請求関係業務の廃止によるものを除く。）若しくは取消しにより差止請求関係業務を終了した場合において、積立金（前項の規定により積み立てられた金額をいう。）に残余があるときは、その残余に相当する金額を、他の適格消費者団体（第三十五条の規定により差止請求権を承継した適格消費者団体がある場合にあっては、当該適格消費者団体）があるときは当該他の適格消費者団体に、これがないときは第十三条第三項第二号に掲げる要件に適合する消費者団体であって内閣総理大臣が指定するもの又は国に帰属させる旨を定めておかなければならない。

（業務の範囲及び区分経理）

**第二十九条**　適格消費者団体は、その行う差止請求関係業務に支障がない限り、定款の定めるところにより、差止請求関係業務以外の業務を行うことができる。
2　適格消費者団体は、次に掲げる業務に係る経理をそれぞれ区分して整理しなければならない。

一　差止請求関係業務
二　不特定かつ多数の消費者の利益の擁護を図るための活動に係る業務（前号に掲げる業務を除く。）
三　前二号に掲げる業務以外の業務

#### 第三款　監督

（帳簿書類の作成及び保存）

**第三十条**　適格消費者団体は、内閣府令で定めるところにより、その業務及び経理に関する帳簿書類を作成し、これを保存しなければならない。

（財務諸表等の作成、備置き、閲覧等及び提出等）

**第三十一条**　適格消費者団体は、毎事業年度終了後三月以内に、その事業年度の財産目録等及び事業報告書（これらの作成に代えて電磁的記録（電子的方式、磁気的方式その他人の知覚によっては認識することができない方式で作られる記録であって、電子計算機による情報処理の用に供されるものをいう。以下この条において同じ。）の作成がされている場合における当該電磁的記録を含む。次項第五号及び第五十三条第六号において「財務諸表等」という。）を作成しなければならない。

2　適格消費者団体の事務所には、内閣府令で定めるところにより、次に掲げる書類を備え置かなければならない。
一　定款
二　業務規程
三　役職員等名簿（役員、職員及び専門委員の氏名、役職及び職業その他内閣府令で定める事項を記載した名簿をいう。）
四　適格消費者団体の社員について、その数及び個人又は法人その他の団体の別（社員が法人その他の団体である場合にあっては、その構成員の数を含む。）を記載した書類
五　財務諸表等
六　収入の明細その他の資金に関する事項、寄附金に関する事項その他の経理に関する内閣府令で定める事項を記載した書類
七　差止請求関係業務以外の業務を行う場合には、その業務の種類及び概要を記載した書類

3　何人も、適格消費者団体の業務時間内は、いつでも、次に掲げる請求をすることができる。ただし、第二号又は第四号に掲げる請求をするには、当該適格消費者団体の定めた費用を支払わなければならない。
一　前項各号に掲げる書類が書面をもって作成されているときは、当該書面の閲覧又は謄写の請求
二　前号の書面の謄本又は抄本の交付の請求

三　前項各号に掲げる書類が電磁的記録をもって作成されているときは、当該電磁的記録に記録された事項を内閣府令で定める方法により表示したものの閲覧又は謄写の請求

　四　前号の電磁的記録に記録された事項を電磁的方法であって内閣府令で定めるものにより提供することの請求又は当該事項を記載した書面の交付の請求

4　適格消費者団体は、前項各号に掲げる請求があったときは、正当な理由がある場合を除き、これを拒むことができない。

5　適格消費者団体は、毎事業年度終了後三月以内に、第二項第三号から第六号までに掲げる書類を内閣総理大臣に提出しなければならない。

（報告及び立入検査）

第三十二条　内閣総理大臣は、この法律の実施に必要な限度において、適格消費者団体に対し、その業務若しくは経理の状況に関し報告をさせ、又はその職員に、適格消費者団体の事務所に立ち入り、業務の状況若しくは帳簿、書類その他の物件を検査させ、若しくは関係者に質問させることができる。

2　前項の規定により職員が立ち入るときは、その身分を示す証明書を携帯し、関係者に提示しなければならない。

3　第一項に規定する立入検査の権限は、犯罪捜査のために認められたものと解してはならない。

（適合命令及び改善命令）

第三十三条　内閣総理大臣は、適格消費者団体が、第十三条第三項第二号から第七号までに掲げる要件のいずれかに適合しなくなったと認めるときは、当該適格消費者団体に対し、これらの要件に適合するために必要な措置をとるべきことを命ずることができる。

2　内閣総理大臣は、前項に定めるもののほか、適格消費者団体が第十三条第五項第三号から第六号までのいずれかに該当するに至ったと認めるとき、適格消費者団体又はその役員、職員若しくは専門委員が差止請求関係業務の遂行に関しこの法律の規定に違反したと認めるとき、その他適格消費者団体の業務の適正な運営を確保するため必要があると認めるときは、当該適格消費者団体に対し、人的体制の改善、違反の停止、業務規程の変更その他の業務の運営の改善に必要な措置をとるべきことを命ずることができる。

（認定の取消し等）

第三十四条　内閣総理大臣は、適格消費者団体について、次の各号のいずれかに掲げる事由があるときは、第十三条第一項の認定を取り消すことができる。

　一　偽りその他不正の手段により第十三条第一項の認定、第十七条第二項の有効期間の更新又は第十九条第三項若しくは第二十条第三項の認可を受けたとき。

　二　第十三条第三項各号に掲げる要件のいずれかに適合しなくなったとき。

　三　第十三条第五項各号（第二号を除く。）のいずれかに該当するに至ったとき。

四　第十二条の二第一項第二号本文の確定判決等に係る訴訟等の手続に関し、当該訴訟等の当事者である適格消費者団体が、差止請求に係る相手方と通謀して請求の放棄又は不特定かつ多数の消費者の利益を害する内容の和解をしたとき、その他不特定かつ多数の消費者の利益に著しく反する訴訟等の追行を行ったと認められるとき。
　　五　第十二条の二第一項第二号本文の確定判決等に係る強制執行に必要な手続に関し、当該確定判決等に係る訴訟等の当事者である適格消費者団体がその手続を怠ったことが不特定かつ多数の消費者の利益に著しく反するものと認められるとき。
　　六　前各号に掲げるもののほか、この法律若しくはこの法律に基づく命令の規定又はこれらの規定に基づく処分に違反したとき。
　　七　当該適格消費者団体の役員、職員又は専門委員が第二十八条第二項又は第三項の規定に違反したとき。
2　適格消費者団体が、第二十三条第四項の規定に違反して同項の通知又は報告をしないで、差止請求に関し、同項第十号に規定する行為をしたときは、内閣総理大臣は、当該適格消費者団体について前項第四号に掲げる事由があるものとみなすことができる。
3　第十二条の二第一項第二号本文に掲げる場合であって、当該他の適格消費者団体に係る第十三条第一項の認定が、第二十二条各号に掲げる事由により既に失効し、又は第一項各号に掲げる事由（当該確定判決等に係る訴訟等の手続に関する同項第四号に掲げる事由を除く。）若しくは消費者裁判手続特例法第九十二条第二項各号に掲げる事由により既に取り消されている場合においては、内閣総理大臣は、当該他の適格消費者団体につき当該確定判決等に係る訴訟等の手続に関し第一項第四号に掲げる事由があったと認められるとき（前項の規定により同号に掲げる事由があるものとみなすことができる場合を含む。）は、当該他の適格消費者団体であった法人について、その旨の認定をすることができる。
4　前項に規定する場合における当該他の適格消費者団体であった法人は、清算が結了した後においても、同項の規定の適用については、なお存続するものとみなす。
5　内閣総理大臣は、第一項各号に掲げる事由により第十三条第一項の認定を取り消し、又は第三項の規定により第一項第四号に掲げる事由があった旨の認定をしたときは、内閣府令で定めるところにより、その旨及びその取消又は認定をした日を公示するとともに、当該適格消費者団体又は当該他の適格消費者団体であった法人に対し、その旨を書面により通知するものとする。
　（差止請求権の承継に係る指定等）
**第三十五条**　適格消費者団体について、第十二条の二第一項第二号本文の確定判決等で強制執行をすることができるものが存する場合において、第十三条第一項の認定が、第二十二条各号に掲げる事由により失効し、若しくは前条第一項各号若しくは消費者裁判手続特例法第九十二条第二項各号に掲げる事由により取り消されるとき、又はこれらの事由により

既に失効し、若しくは既に取り消されているときは、内閣総理大臣は、当該適格消費者団体の有する当該差止請求権を承継すべき適格消費者団体として他の適格消費者団体を指定するものとする。

2 前項の規定による指定がされたときは、同項の差止請求権は、その指定の時において（その認定の失効又は取消しの後にその指定がされた場合にあっては、その認定の失効又は取消しの時にさかのぼって）その指定を受けた適格消費者団体が承継する。

3 前項の場合において、同項の規定により当該差止請求権を承継した適格消費者団体が当該差止請求権に基づく差止請求をするときは、第十二条の二第一項第二号本文の規定は、当該差止請求については、適用しない。

4 内閣総理大臣は、次の各号のいずれかに掲げる事由が生じたときは、第一項、第六項又は第七項の規定による指定を受けた適格消費者団体（以下この項から第七項までにおいて「指定適格消費者団体」という。）に係る指定を取り消さなければならない。

一 指定適格消費者団体について、第十三条第一項の認定が、第二十二条各号に掲げる事由により失効し、若しくは既に失効し、又は前条第一項各号若しくは消費者裁判手続特例法第九十二条第二項各号に掲げる事由により取り消されるとき。

二 指定適格消費者団体が承継した差止請求権をその指定前に有していた者（以下この条において「従前の適格消費者団体」という。）のうち当該確定判決等の当事者であったものについて、第十三条第一項の認定の取消処分、同項の認定の有効期間の更新拒否処分若しくは合併若しくは事業の全部の譲渡の不認可処分（以下この条において「認定取消処分等」という。）が取り消され、又は認定取消処分等の取消し若しくはその無効若しくは不存在の確認の判決（次項第二号において「取消判決等」という。）が確定したとき。

5 内閣総理大臣は、次の各号のいずれかに掲げる事由が生じたときは、指定適格消費者団体に係る指定を取り消すことができる。

一 指定適格消費者団体が承継した差止請求権に係る強制執行に必要な手続に関し、当該指定適格消費者団体がその手続を怠ったことが不特定かつ多数の消費者の利益に著しく反するものと認められるとき。

二 従前の適格消費者団体のうち指定適格消費者団体であったもの（当該確定判決等の当事者であったものを除く。）について、前項第一号の規定による指定の取消しの事由となった認定取消処分等が取り消され、若しくはその認定取消処分等の取消判決等が確定したとき、又は前号の規定による指定の取消処分が取り消され、若しくはその取消処分の取消判決等が確定したとき。

6 内閣総理大臣は、第四項第一号又は前項第一号に掲げる事由により指定適格消費者団体に係る指定を取り消し、又は既に取り消しているときは、当該指定適格消費者団体の承継していた差止請求権を承継すべき適格消費者団体として他の適格消費者団体を新たに指定

するものとする。
7　内閣総理大臣は、第四項第二号又は第五項第二号に掲げる事由により指定適格消費者団体に係る指定を取り消すときは、当該指定適格消費者団体の承継していた差止請求権を承継すべき適格消費者団体として当該従前の適格消費者団体を新たに指定するものとする。
8　前二項の規定による新たな指定がされたときは、前二項の差止請求権は、その新たな指定の時において（従前の指定の取消し後に新たな指定がされた場合にあっては、従前の指定の取消しの時（従前の適格消費者団体に係る第十三条第一項の認定の失効後に従前の指定の取消し及び新たな指定がされた場合にあっては、その認定の失効の時））にさかのぼって）その新たな指定を受けた適格消費者団体が承継する。
9　第三項の規定は、前項の場合において、同項の規定により当該差止請求権を承継した適格消費者団体が当該差止請求権に基づく差止請求をするときについて準用する。
10　内閣総理大臣は、第一項、第六項又は第七項の規定による指定をしたときは、内閣府令で定めるところにより、その旨及びその指定の日を公示するとともに、その指定を受けた適格消費者団体に対し、その旨を書面により通知するものとする。第四項又は第五項の規定により当該指定を取り消したときも、同様とする。

#### 第四款　補則

（規律）
**第三十六条**　適格消費者団体は、これを政党又は政治的目的のために利用してはならない。
（官公庁等への協力依頼）
**第三十七条**　内閣総理大臣は、この法律の実施のため必要があると認めるときは、官庁、公共団体その他の者に照会し、又は協力を求めることができる。
（内閣総理大臣への意見）
**第三十八条**　次の各号に掲げる者は、適格消費者団体についてそれぞれ当該各号に定める事由があると疑うに足りる相当な理由があるため、内閣総理大臣が当該適格消費者団体に対して適当な措置をとることが必要であると認める場合には、内閣総理大臣に対し、その旨の意見を述べることができる。
一　経済産業大臣　第十三条第三項第二号に掲げる要件に適合しない事由又は第三十四条第一項第四号に掲げる事由
二　警察庁長官　第十三条第五項第三号、第四号又は第六号ハに該当する事由
（判決等に関する情報の公表）
**第三十九条**　内閣総理大臣は、消費者の被害の防止及び救済に資するため、適格消費者団体から第二十三条第四項第四号から第九号まで及び第十一号の規定による報告を受けたときは、インターネットの利用その他適切な方法により、速やかに、差止請求に係る判決（確定判決と同一の効力を有するもの及び仮処分命令の申立てについての決定を含む。）又は裁判外

の和解の概要、当該適格消費者団体の名称及び当該差止請求に係る相手方の氏名又は名称その他内閣府令で定める事項を公表するものとする。
2 　前項に規定する事項のほか、内閣総理大臣は、差止請求関係業務に関する情報を広く国民に提供するため、インターネットの利用その他適切な方法により、適格消費者団体の名称及び住所並びに差止請求関係業務を行う事務所の所在地その他内閣府令で定める必要な情報を公表することができる。
3 　内閣総理大臣は、独立行政法人国民生活センターに、前二項の情報の公表に関する業務を行わせることができる。
（適格消費者団体への協力等）
第四十条　独立行政法人国民生活センター及び地方公共団体は、内閣府令で定めるところにより、適格消費者団体の求めに応じ、当該適格消費者団体が差止請求権を適切に行使するために必要な限度において、当該適格消費者団体に対し、消費生活相談及び消費者紛争（独立行政法人国民生活センター法（平成十四年法律第百二十三号）第一条の二第一項に規定する消費者紛争をいう。）に関する情報で内閣府令で定めるものを提供することができる。
2 　前項の規定により情報の提供を受けた適格消費者団体は、当該情報を当該差止請求権の適切な行使の用に供する目的以外の目的のために利用し、又は提供してはならない。

#### 第三節　訴訟手続等の特例

（書面による事前の請求）
第四十一条　適格消費者団体は、差止請求に係る訴えを提起しようとするときは、その訴えの被告となるべき者に対し、あらかじめ、請求の要旨及び紛争の要点その他の内閣府令で定める事項を記載した書面により差止請求をし、かつ、その到達した時から一週間を経過した後でなければ、その訴えを提起することができない。ただし、当該被告となるべき者がその差止請求を拒んだときは、この限りでない。
2 　前項の請求は、その請求が通常到達すべきであった時に、到達したものとみなす。
3 　前二項の規定は、差止請求に係る仮処分命令の申立てについて準用する。
（訴訟の目的の価額）
第四十二条　差止請求に係る訴えは、訴訟の目的の価額の算定については、財産権上の請求でない請求に係る訴えとみなす。
（管轄）
第四十三条　差止請求に係る訴訟については、民事訴訟法第五条（第五号に係る部分を除く。）の規定は、適用しない。
2 　次の各号に掲げる規定による差止請求に係る訴えは、当該各号に定める行為があった地を管轄する裁判所にも提起することができる。

一　第十二条　同条に規定する事業者等の行為

二　不当景品類及び不当表示防止法第三十条第一項　同項に規定する事業者の行為

三　特定商取引に関する法律第五十八条の十八から第五十八条の二十四まで　これらの規定に規定する当該差止請求に係る相手方である販売業者、役務提供事業者、統括者、勧誘者、一般連鎖販売業者、関連商品の販売を行う者、業務提供誘引販売業を行う者又は購入業者（同法第五十八条の二十一第二項の規定による差止請求に係る訴えにあっては、勧誘者）の行為

四　食品表示法第十一条　同条に規定する食品関連事業者の行為

（移送）

第四十四条　裁判所は、差止請求に係る訴えが提起された場合であって、他の裁判所に同一又は同種の行為の差止請求に係る訴訟が係属している場合においては、当事者の住所又は所在地、尋問を受けるべき証人の住所、争点又は証拠の共通性その他の事情を考慮して、相当と認めるときは、申立てにより又は職権で、当該訴えに係る訴訟の全部又は一部について、当該他の裁判所又は他の管轄裁判所に移送することができる。

（弁論等の併合）

第四十五条　請求の内容及び相手方が同一である差止請求に係る訴訟が同一の第一審裁判所又は控訴裁判所に数個同時に係属するときは、その弁論及び裁判は、併合してしなければならない。ただし、審理の状況その他の事情を考慮して、他の差止請求に係る訴訟と弁論及び裁判を併合してすることが著しく不相当であると認めるときは、この限りでない。

2　前項本文に規定する場合には、当事者は、その旨を裁判所に申し出なければならない。

（訴訟手続の中止）

第四十六条　内閣総理大臣は、現に係属する差止請求に係る訴訟につき既に他の適格消費者団体を当事者とする第十二条の二第一項第二号本文の確定判決等が存する場合において、当該他の適格消費者団体につき当該確定判決等に係る訴訟等の手続に関し第三十四条第一項第四号に掲げる事由があると疑うに足りる相当な理由がある場合（同条第二項の規定により同号に掲げる事由があるものとみなすことができる場合を含む。）であって、同条第一項の規定による第十三条第一項の認定の取消し又は第三十四条第三項の規定による認定（次項において「認定の取消し等」という。）をするかどうかの判断をするため相当の期間を要すると認めるときは、内閣府令で定めるところにより、当該差止請求に係る訴訟が係属する裁判所（以下この条において「受訴裁判所」という。）に対し、その旨及びその判断に要すると認められる期間を通知するものとする。

2　内閣総理大臣は、前項の規定による通知をした場合には、その通知に係る期間内に、認定の取消し等をするかどうかの判断をし、その結果を受訴裁判所に通知するものとする。

3　第一項の規定による通知があった場合において、必要があると認めるときは、受訴裁判所は、

その通知に係る期間を経過する日まで（その期間を経過する前に前項の規定による通知を受けたときは、その通知を受けた日まで）、訴訟手続を中止することができる。
（間接強制の支払額の算定）
第四十七条　差止請求権について民事執行法第百七十二条第一項に規定する方法により強制執行を行う場合において、同項又は同条第二項の規定により債務者が債権者に支払うべき金銭の額を定めるに当たっては、執行裁判所は、債務不履行により不特定かつ多数の消費者が受けるべき不利益を特に考慮しなければならない。

## 第四章　雑則

（適用除外）
第四十八条　この法律の規定は、労働契約については、適用しない。
（権限の委任）
第四十八条の二　内閣総理大臣は、前章の規定による権限（政令で定めるものを除く。）を消費者庁長官に委任する。

## 第五章　罰則

第四十九条　適格消費者団体の役員、職員又は専門委員が、適格消費者団体の差止請求に係る相手方から、寄附金、賛助金その他名目のいかんを問わず、当該適格消費者団体においてその差止請求権の行使をしないこと若しくはしなかったこと、その差止請求権の放棄をすること若しくはしたこと、その相手方との間でその差止請求に係る和解をすること若しくはしたこと又はその差止請求に係る訴訟その他の手続を他の事由により終了させること若しくは終了させたことの報酬として、金銭その他の財産上の利益を受け、又は第三者（当該適格消費者団体を含む。）に受けさせたときは、三年以下の懲役又は三百万円以下の罰金に処する。
2　前項の利益を供与した者も、同項と同様とする。
3　第一項の場合において、犯人又は情を知った第三者が受けた財産上の利益は、没収する。その全部又は一部を没収することができないときは、その価額を追徴する。
4　第一項の罪は、日本国外においてこれらの罪を犯した者にも適用する。
5　第二項の罪は、刑法（明治四十年法律第四十五号）第二条の例に従う。
第五十条　偽りその他不正の手段により第十三条第一項の認定、第十七条第二項の有効期間の更新又は第十九条第三項若しくは第二十条第三項の認可を受けたときは、当該違反行為をした者は、百万円以下の罰金に処する。
2　第二十五条の規定に違反して、差止請求関係業務に関して知り得た秘密を漏らした者は、百万円以下の罰金に処する。
第五十一条　次の各号のいずれかに該当する場合には、当該違反行為をした者は、五十万円以下の罰金に処する。
一　第十四条第一項（第十七条第六項、第十九条第六項及び第二十条第六項において

準用する場合を含む。）の申請書又は第十四条第二項各号（第十七条第六項、第十九条第六項及び第二十条第六項において準用する場合を含む。）に掲げる書類に虚偽の記載をして提出したとき。
 二　第十六条第三項の規定に違反して、適格消費者団体であると誤認されるおそれのある文字をその名称中に用い、又はその業務に関し、適格消費者団体であると誤認されるおそれのある表示をしたとき。
 三　第三十条の規定に違反して、帳簿書類の作成若しくは保存をせず、又は虚偽の帳簿書類の作成をしたとき。
 四　第三十二条第一項の規定による報告をせず、若しくは虚偽の報告をし、又は同項の規定による検査を拒み、妨げ、若しくは忌避し、若しくは同項の規定による質問に対して陳述をせず、若しくは虚偽の陳述をしたとき。

第五十二条　法人（法人でない団体で代表者又は管理人の定めのあるものを含む。以下この項において同じ。）の代表者若しくは管理人又は法人若しくは人の代理人、使用人その他の従業者が、その法人又は人の業務に関して、第四十九条、第五十条第一項又は前条の違反行為をしたときは、行為者を罰するほか、その法人又は人に対しても、各本条の罰金刑を科する。
2　法人でない団体について前項の規定の適用がある場合には、その代表者又は管理人が、その訴訟行為につき法人でない団体を代表するほか、法人を被告人又は被疑者とする場合の刑事訴訟に関する法律の規定を準用する。

第五十三条　次の各号のいずれかに該当する者は、三十万円以下の過料に処する。
 一　第十六条第二項の規定による掲示をせず、若しくは虚偽の掲示をし、又は同項の規定に違反して公衆の閲覧に供せず、若しくは虚偽の事項を公衆の閲覧に供した者
 二　第十八条、第十九条第二項若しくは第七項、第二十条第二項若しくは第七項又は第二十一条第一項の規定による届出をせず、又は虚偽の届出をした者
 三　第二十三条第四項前段の規定による通知若しくは報告をせず、又は虚偽の通知若しくは報告をした者
 四　第二十四条の規定に違反して、消費者の被害に関する情報を利用した者
 五　第二十六条の規定に違反して、同条の請求を拒んだ者
 六　第三十一条第一項の規定に違反して、財務諸表等を作成せず、又はこれに記載し、若しくは記録すべき事項を記載せず、若しくは記録せず、若しくは虚偽の記載若しくは記録をした者
 七　第三十一条第二項の規定に違反して、書類を備え置かなかった者
 八　第三十一条第四項の規定に違反して、正当な理由がないのに同条第三項各号に掲げる請求を拒んだ者

九　第三十一条第五項の規定に違反して、書類を提出せず、又は書類に虚偽の記載若しくは記録をして提出した者

十　第四十条第二項の規定に違反して、情報を同項に定める目的以外の目的のために利用し、又は提供した者

附　則

この法律は、平成十三年四月一日から施行し、この法律の施行後に締結された消費者契約について適用する。

附　則（平成十三年十一月二十八日法律第百二十九号）　抄

（施行期日）

1　この法律は、平成十四年四月一日から施行する。

附　則（平成十七年七月二十六日法律第八十七号）　抄

この法律は、会社法の施行の日から施行する。

附　則（平成十八年六月二日法律第五十号）　抄

この法律は、一般社団・財団法人法の施行の日から施行する。

附　則（平成十八年六月七日法律第五十六号）

（施行期日）

1　この法律は、公布の日から起算して一年を経過した日から施行する。

（検討）

2　政府は、消費者の被害の状況、消費者の利益の擁護を図るための諸施策の実施の状況その他社会経済情勢の変化を勘案しつつ、この法律による改正後の消費者契約法の施行の状況について検討を加え、必要があると認めるときは、その結果に基づいて所要の措置を講ずるものとする。

附　則（平成二十年五月二日法律第二十九号）

（施行期日）

1　この法律は、平成二十一年四月一日から施行する。ただし、第二条及び第四条の規定は、特定商取引に関する法律及び割賦販売法の一部を改正する法律（平成二十年法律第七十四号）の施行の日から施行する。

（経過措置）

2　第一条又は第二条の規定の施行前にされた消費者契約法第十三条第一項の認定の申請並びに同法第十九条第三項及び第二十条第三項の認可の申請に係る認定及び認可に関する手続については、それぞれ第一条又は第二条の規定による改正後の同法の規定にかかわらず、なお従前の例による。

3　第一条又は第二条の規定の施行前にした行為に対する罰則の適用については、それぞれ第一条又は第二条の規定による改正後の消費者契約法の規定にかかわらず、なお従前の例

による。

　　附　則　（平成二十一年六月五日法律第四十九号）　抄
　（施行期日）
第一条　この法律は、消費者庁及び消費者委員会設置法（平成二十一年法律第四十八号）の施行の日から施行する。ただし、次の各号に掲げる規定は、当該各号に定める日から施行する。
　一　附則第九条の規定　この法律の公布の日
　（処分等に関する経過措置）
第四条　この法律の施行前にこの法律による改正前のそれぞれの法律（これに基づく命令を含む。以下「旧法令」という。）の規定によりされた免許、許可、認可、承認、指定その他の処分又は通知その他の行為は、法令に別段の定めがあるもののほか、この法律の施行後は、この法律による改正後のそれぞれの法律（これに基づく命令を含む。以下「新法令」という。）の相当規定によりされた免許、許可、認可、承認、指定その他の処分又は通知その他の行為とみなす。
２　この法律の施行の際現に旧法令の規定によりされている免許の申請、届出その他の行為は、法令に別段の定めがあるもののほか、この法律の施行後は、新法令の相当規定によりされた免許の申請、届出その他の行為とみなす。
３　この法律の施行前に旧法令の規定により報告、届出、提出その他の手続をしなければならない事項で、この法律の施行日前にその手続がされていないものについては、法令に別段の定めがあるもののほか、この法律の施行後は、これを、新法令の相当規定によりその手続がされていないものとみなして、新法令の規定を適用する。
　（命令の効力に関する経過措置）
第五条　旧法令の規定により発せられた内閣府設置法第七条第三項の内閣府令又は国家行政組織法第十二条第一項の省令は、法令に別段の定めがあるもののほか、この法律の施行後は、新法令の相当規定に基づいて発せられた相当の内閣府設置法第七条第三項の内閣府令又は国家行政組織法第十二条第一項の省令としての効力を有するものとする。
　（罰則の適用に関する経過措置）
第八条　この法律の施行前にした行為及びこの法律の附則においてなお従前の例によることとされる場合におけるこの法律の施行後にした行為に対する罰則の適用については、なお従前の例による。
　（政令への委任）
第九条　附則第二条から前条までに定めるもののほか、この法律の施行に関し必要な経過措置（罰則に関する経過措置を含む。）は、政令で定める。
　　附　則　（平成二十三年六月二十四日法律第七十四号）　抄

（施行期日）
**第一条**　この法律は、公布の日から起算して二十日を経過した日から施行する。

　　附　則　（平成二十四年八月二十二日法律第五十九号）　抄

　（施行期日）
**第一条**　この法律は、公布の日から起算して六月を超えない範囲内において政令で定める日から施行する。

　　附　則　（平成二十五年六月二十八日法律第七十号）　抄

　（施行期日）
**第一条**　この法律は、公布の日から起算して二年を超えない範囲内において政令で定める日から施行する。ただし、次条及び附則第十八条の規定については、公布の日から施行する。

　（罰則の適用に関する経過措置）
**第十七条**　この法律の施行前にした行為に対する罰則の適用については、なお従前の例による。

　（政令への委任）
**第十八条**　この附則に規定するもののほか、この法律の施行に関し必要な経過措置は、政令で定める。

　　附　則　（平成二十五年十二月十一日法律第九十六号）　抄

　（施行期日）
**第一条**　この法律は、公布の日から起算して三年を超えない範囲内において政令で定める日から施行する。

　　附　則　（平成二十六年六月十三日法律第七十一号）　抄

　（施行期日）
**第一条**　この法律は、公布の日から起算して六月を超えない範囲内において政令で定める日から施行する。ただし、次の各号に掲げる規定は、当該各号に定める日から施行する。
　一　略
　二　第一条中不当景品類及び不当表示防止法第十条の改正規定及び同法本則に一条を加える改正規定、第二条の規定（次号に掲げる改正規定を除く。）並びに附則第三条及び第七条から第十一条までの規定　公布の日から起算して二年を超えない範囲内において政令で定める日

　　附　則　（平成二十六年十一月二十七日法律第百十八号）　抄

　（施行期日）
**第一条**　この法律は、公布の日から起算して一年六月を超えない範囲内において政令で定める日から施行する。

　　附　則　（平成二十八年六月三日法律第六十一号）　抄

（施行期日）
**第一条** この法律は、公布の日から起算して一年を経過した日から施行する。ただし、次の各号に掲げる規定は、当該各号に定める日から施行する。
一　附則第四条の規定　公布の日
二　第五条第二項の改正規定（「及び第七条」を「から第七条まで」に改める部分に限る。）、第六条の次に一条を加える改正規定及び附則第三条の規定　民法の一部を改正する法律（平成二十九年法律第四十四号）の施行の日
三　附則第六条の規定　民法の一部を改正する法律の施行に伴う関係法律の整備等に関する法律（平成二十九年法律第四十五号）の公布の日又はこの法律の公布の日のいずれか遅い日

（経過措置）
**第二条** この法律による改正後の消費者契約法（以下「新法」という。）第四条第四項及び第五項（第三号に係る部分に限る。）（これらの規定を新法第五条第一項において準用する場合を含む。）の規定は、この法律の施行前にされた消費者契約の申込み又はその承諾の意思表示については、適用しない。
2　この法律の施行前にされた消費者契約の申込み又はその承諾の意思表示に係る取消権については、新法第七条第一項の規定にかかわらず、なお従前の例による。
3　この法律の施行前に締結された消費者契約の条項については、新法第八条第一項第三号及び第四号の規定にかかわらず、なお従前の例による。
4　新法第八条の二の規定は、この法律の施行前に締結された消費者契約の条項については、適用しない。

**第三条** 附則第一条第二号に掲げる規定による改正後の消費者契約法第六条の二の規定は、同号に掲げる規定の施行前に消費者契約に基づく債務の履行として給付がされた場合におけるその給付を受けた消費者の返還の義務については、適用しない。

（政令への委任）
**第四条** 前二条に定めるもののほか、この法律の施行に伴い必要な経過措置は、政令で定める。

（検討）
**第五条** 政府は、消費者の被害の状況、消費者の利益の擁護を図るための諸施策の実施の状況その他社会経済情勢の変化を勘案しつつ、新法の施行の状況について検討を加え、必要があると認めるときは、その結果に基づいて所要の措置を講ずるものとする。

附　則　（平成二十九年六月二日法律第四十三号）　抄

（施行期日）
**第一条**　この法律は、平成二十九年十月一日から施行する。ただし、附則第五条の規定は、

公布の日から施行する。

（消費者契約法の一部改正に伴う経過措置）
第二条　この法律の施行の際現に第二条の規定による改正前の消費者契約法第十三条第一項の認定を受けている者（次条において「既存適格消費者団体」という。）に係る当該認定の有効期間については、その満了の日までの間は、第二条の規定による改正後の消費者契約法第十七条第一項の規定にかかわらず、なお従前の例による。

（罰則に関する経過措置）
第四条　この法律の施行前にした行為に対する罰則の適用については、なお従前の例による。

（政令への委任）
第五条　前三条に定めるもののほか、この法律の施行に関し必要な経過措置は、政令で定める。

附　則　（平成二十九年六月二日法律第四十五号）

　この法律は、民法改正法の施行の日から施行する。ただし、第百三条の二、第百三条の三、第二百六十七条の二、第二百六十七条の三及び第三百六十二条の規定は、公布の日から施行する。

附　則　（平成三十年六月十五日法律第五十四号）　抄

（施行期日）
第一条　この法律は、公布の日から起算して一年を経過した日から施行する。ただし、附則第三条及び第五条の規定は、公布の日から施行する。

（経過措置）
第二条　この法律の施行前にされた消費者契約の申込み又はその承諾の意思表示については、この法律による改正後の消費者契約法（以下「新法」という。）第四条第二項（新法第五条第一項において準用する場合を含む。）の規定にかかわらず、なお従前の例による。

2　新法第四条第三項第三号から第八号まで（これらの規定を新法第五条第一項において準用する場合を含む。）の規定は、この法律の施行前にされた消費者契約の申込み又はその承諾の意思表示については、適用しない。

3　この法律の施行前に締結された消費者契約の条項については、新法第八条第一項及び第八条の二の規定にかかわらず、なお従前の例による。

4　新法第八条の三の規定は、この法律の施行前に締結された消費者契約の条項については、適用しない。

（政令への委任）
第三条　前条に定めるもののほか、この法律の施行に伴い必要な経過措置は、政令で定める。

（検討）
第四条　政府は、消費者の被害の状況、消費者の利益の擁護を図るための諸施策の実施の状況その他社会経済情勢の変化を勘案しつつ、新法の施行の状況について検討を加え、

必要があると認めるときは、その結果に基づいて所要の措置を講ずるものとする。

附　則　（令和四年六月一日法律第五十九号）　抄

（施行期日）

**第一条**　この法律は、公布の日から起算して一年を経過した日から施行する。ただし、次の各号に掲げる規定は、当該各号に定める日から施行する。

一　第一条中消費者契約法第十三条第五項の改正規定、同法第十四条第二項第八号の改正規定、同法第十八条の改正規定、同法第十九条の改正規定、同法第二十条第四項の改正規定、同法第三十一条の改正規定、同法第三十四条の改正規定、同法第三十五条の改正規定、同法第五十条の改正規定、同法第五十一条の改正規定、同法第五十二条第一項の改正規定及び同法第五十三条の改正規定並びに第二条の規定並びに次条第五項から第七項まで並びに附則第三条、第四条及び第七条から第九条までの規定　公布の日から起算して一年六月を超えない範囲内において政令で定める日

二　附則第五条の規定　公布の日

（消費者契約法の一部改正に伴う経過措置）

**第二条**　第一条の規定による改正後の消費者契約法（以下この条において「新消費者契約法」という。）第四条第三項第三号及び第四号（これらの規定を消費者契約法第五条第一項において準用する場合を含む。）の規定は、この法律の施行の日（次項から第四項までの規定において「施行日」という。）以後にされる消費者契約（消費者契約法第二条第三項に規定する消費者契約をいう。次項及び第三項において同じ。）の申込み又はその承諾の意思表示について適用する。

2　新消費者契約法第四条第三項第九号（消費者契約法第五条第一項において準用する場合を含む。）の規定は、施行日以後にされる消費者契約の申込み又はその承諾の意思表示について適用し、施行日前にされた消費者契約の申込み又はその承諾の意思表示については、なお従前の例による。

3　新消費者契約法第八条第三項の規定は、施行日以後に締結される消費者契約の条項について適用する。

4　新消費者契約法第十二条の五の規定は、施行日以後にされる新消費者契約法第十二条第三項又は消費者契約法第十二条第四項の規定による請求について適用する。

5　新消費者契約法第十九条第四項の規定は、前条第一号に掲げる規定の施行の日（以下この条から附則第四条までにおいて「第一号施行日」という。）以後にされる同項の申請について適用し、第一号施行日前にされた第一条の規定による改正前の消費者契約法（次項において「旧消費者契約法」という。）第十九条第四項の申請については、なお従前の例による。

6　新消費者契約法第二十条第四項の規定は、第一号施行日以後にされる同項の申請につい

て適用し、第一号施行日前にされた旧消費者契約法第二十条第四項の申請については、なお従前の例による。

7　新消費者契約法第三十一条第一項、第二項及び第五項の規定は、第一号施行日以後に開始する事業年度に係る同条第一項に規定する書類について適用し、第一号施行日前に開始した事業年度に係る書類については、なお従前の例による。

（罰則に関する経過措置）

**第四条**　第一号施行日前にした行為及びこの附則（附則第二条第二項を除く。）の規定によりなお従前の例によることとされる場合における第一号施行日以後にした行為に対する罰則の適用については、なお従前の例による。

（政令への委任）

**第五条**　前三条に定めるもののほか、この法律の施行に伴い必要な経過措置（罰則に関する経過措置を含む。）は、政令で定める。

（検討）

**第六条**　政府は、この法律の施行後五年を経過した場合において、この法律による改正後の規定の施行の状況について検討を加え、必要があると認めるときは、その結果に基づいて必要な措置を講ずるものとする。

附　則　（令和四年六月十七日法律第六十八号）　抄

（施行期日）

1　この法律は、刑法等一部改正法施行日から施行する。ただし、次の各号に掲げる規定は、当該各号に定める日から施行する。

　一　第五百九条の規定　公布の日

附　則　（令和四年十二月十六日法律第九十九号）　抄

（施行期日）

**第一条**　この法律は、公布の日から起算して二十日を経過した日から施行する。

（消費者契約法の一部改正に伴う経過措置）

**第二条**　第一条の規定による改正後の消費者契約法（以下この条において「新法」という。）第四条第三項第六号（消費者契約法第五条第一項において準用する場合を含む。）の規定は、この法律の施行の日以後にされる消費者契約の申込み又はその承諾の意思表示について適用し、同日前にされた消費者契約の申込み又はその承諾の意思表示については、なお従前の例による。

2　新法第七条第一項の規定は、この法律の施行前にされた消費者契約の申込み又はその承諾の意思表示に係る取消権についても、適用する。ただし、第一条の規定による改正前の消費者契約法第七条第一項に規定する取消権の時効がこの法律の施行の際既に完成していた場合は、この限りでない。

（検討）
**第三条**　政府は、この法律の施行後五年を経過した場合において、この法律による改正後の規定の施行の状況について検討を加え、必要があると認めるときは、その結果に基づいて必要な措置を講ずるものとする。

　附　則　（令和五年五月十七日法律第二十九号）　抄

　（施行期日）
**第一条**　この法律は、公布の日から起算して一年六月を超えない範囲内において政令で定める日から施行する。

　附　則　（令和五年六月十六日法律第六十三号）　抄

　（施行期日）
**第一条**　この法律は、公布の日から起算して一年を超えない範囲内において政令で定める日から施行する。ただし、次の各号に掲げる規定は、当該各号に定める日から施行する。
　一　第一条及び第二条の規定並びに附則第七条、第十九条及び第二十条の規定　公布の日

　（罰則に関する経過措置）
**第六条**　この法律の施行前にした行為に対する罰則の適用については、なお従前の例による。

　（政令への委任）
**第七条**　この附則に定めるもののほか、この法律の施行に関し必要な経過措置（罰則に関する経過措置を含む。）は、政令で定める。

# 宅地建物取引業法（抄）

（昭和二十七年法律第百七十六号）
最終改正：令和六年六月十九日法律第五十三号

◇目次
　第一章　総則（第一条・第二条）
　第二章　免許（第三条—第十四条）
　第三章　宅地建物取引士（第十五条—第二十四条）
　第四章　営業保証金（第二十五条—第三十条）
　第五章　業務
　　第一節　通則（第三十一条—第五十条の二の四）
　　第二節　指定流通機構（第五十条の二の五—第五十条の十五）
　　第三節　指定保証機関（第五十一条—第六十三条の二）
　　第四節　指定保管機関（第六十三条の三—第六十四条）
　第五章の二　宅地建物取引業保証協会（第六十四条の二—第六十四条の二十五）
　第六章　監督（第六十五条—第七十二条）
　第七章　雑則（第七十三条—第七十八条の四）
　第八章　罰則（第七十九条—第八十六条）
附則

## 第一章　総則

（目的）

**第一条**　この法律は、宅地建物取引業を営む者について免許制度を実施し、その事業に対し必要な規制を行うことにより、その業務の適正な運営と宅地及び建物の取引の公正とを確保するとともに、宅地建物取引業の健全な発達を促進し、もつて購入者等の利益の保護と宅地及び建物の流通の円滑化とを図ることを目的とする。

（用語の定義）

**第二条**　この法律において次の各号に掲げる用語の意義は、それぞれ当該各号の定めるところによる。
　一　宅地　建物の敷地に供せられる土地をいい、都市計画法（昭和四十三年法律第百号）第八条第一項第一号の用途地域内のその他の土地で、道路、公園、河川その他政令で定める公共の用に供する施設の用に供せられているもの以外のものを含むものとする。
　二　宅地建物取引業　宅地若しくは建物（建物の一部を含む。以下同じ。）の売買若しくは交換又は宅地若しくは建物の売買、交換若しくは貸借の代理若しくは媒介をする行為で業

として行うものをいう。
三　宅地建物取引業者　第三条第一項の免許を受けて宅地建物取引業を営む者をいう。
四　宅地建物取引士　第二十二条の二第一項の宅地建物取引士証の交付を受けた者をいう。

#### 第三条～第三十条　（略）

（宅地建物取引業者の業務処理の原則）
**第三十一条**　宅地建物取引業者は、取引の関係者に対し、信義を旨とし、誠実にその業務を行なわなければならない。
2　宅地建物取引業者は、第五十条の二第一項に規定する取引一任代理等を行うに当たつては、投機的取引の抑制が図られるよう配慮しなければならない。

#### 第三十二条～第三十四条　（略）

（重要事項の説明等）
**第三十五条**　宅地建物取引業者は、宅地若しくは建物の売買、交換若しくは貸借の相手方若しくは代理を依頼した者又は宅地建物取引業者が行う媒介に係る売買、交換若しくは貸借の各当事者（以下「宅地建物取引業者の相手方等」という。）に対して、その者が取得し、又は借りようとしている宅地又は建物に関し、その売買、交換又は貸借の契約が成立するまでの間に、宅地建物取引士をして、少なくとも次に掲げる事項について、これらの事項を記載した書面（第五号において図面を必要とするときは、図面）を交付して説明をさせなければならない。
一　当該宅地又は建物の上に存する登記された権利の種類及び内容並びに登記名義人又は登記簿の表題部に記録された所有者の氏名（法人にあつては、その名称）
二　都市計画法、建築基準法その他の法令に基づく制限で契約内容の別（当該契約の目的物が宅地であるか又は建物であるかの別及び当該契約が売買若しくは交換の契約であるか又は貸借の契約であるかの別をいう。以下この条において同じ。）に応じて政令で定めるものに関する事項の概要
三　当該契約が建物の貸借の契約以外のものであるときは、私道に関する負担に関する事項
四　飲用水、電気及びガスの供給並びに排水のための施設の整備の状況（これらの施設が整備されていない場合においては、その整備の見通し及びその整備についての特別の負担に関する事項）
五　当該宅地又は建物が宅地の造成又は建築に関する工事の完了前のものであるときは、

その完了時における形状、構造その他国土交通省令・内閣府令で定める事項
六　当該建物が建物の区分所有等に関する法律（昭和三十七年法律第六十九号）第二条第一項に規定する区分所有権の目的であるものであるときは、当該建物を所有するための一棟の建物の敷地に関する権利の種類及び内容、同条第四項に規定する共用部分に関する規約の定めその他の一棟の建物又はその敷地（一団地内に数棟の建物があつて、その団地内の土地又はこれに関する権利がそれらの建物の所有者の共有に属する場合には、その土地を含む。）に関する権利及びこれらの管理又は使用に関する事項で契約内容の別に応じて国土交通省令・内閣府令で定めるもの
六の二　当該建物が既存の建物であるときは、次に掲げる事項
　イ　建物状況調査（実施後国土交通省令で定める期間を経過していないものに限る。）を実施しているかどうか、及びこれを実施している場合におけるその結果の概要
　ロ　設計図書、点検記録その他の建物の建築及び維持保全の状況に関する書類で国土交通省令で定めるものの保存の状況
七　代金、交換差金及び借賃以外に授受される金銭の額及び当該金銭の授受の目的
八　契約の解除に関する事項
九　損害賠償額の予定又は違約金に関する事項
十　第四十一条第一項に規定する手付金等を受領しようとする場合における同条又は第四十一条の二の規定による措置の概要
十一　支払金又は預り金（宅地建物取引業者の相手方等からその取引の対象となる宅地又は建物に関し受領する代金、交換差金、借賃その他の金銭（第四十一条第一項又は第四十一条の二第一項の規定により保全の措置が講ぜられている手付金等を除く。）であつて国土交通省令・内閣府令で定めるものをいう。第六十四条の三第二項第一号において同じ。）を受領しようとする場合において、同号の規定による保証の措置その他国土交通省令・内閣府令で定める保全措置を講ずるかどうか、及びその措置を講ずる場合におけるその措置の概要
十二　代金又は交換差金に関する金銭の貸借のあつせんの内容及び当該あつせんに係る金銭の貸借が成立しないときの措置
十三　当該宅地又は建物が種類又は品質に関して契約の内容に適合しない場合におけるその不適合を担保すべき責任の履行に関し保証保険契約の締結その他の措置で国土交通省令・内閣府令で定めるものを講ずるかどうか、及びその措置を講ずる場合におけるその措置の概要
十四　その他宅地建物取引業者の相手方等の利益の保護の必要性及び契約内容の別を勘案して、次のイ又はロに掲げる場合の区分に応じ、それぞれ当該イ又はロに定める命令で定める事項

イ　事業を営む場合以外の場合において宅地又は建物を買い、又は借りようとする個人である宅地建物取引業者の相手方等の利益の保護に資する事項を定める場合　国土交通省令・内閣府令
　ロ　イに規定する事項以外の事項を定める場合　国土交通省令
2　宅地建物取引業者は、宅地又は建物の割賦販売（代金の全部又は一部について、目的物の引渡し後一年以上の期間にわたり、かつ、二回以上に分割して受領することを条件として販売することをいう。以下同じ。）の相手方に対して、その者が取得しようとする宅地又は建物に関し、その割賦販売の契約が成立するまでの間に、宅地建物取引士をして、前項各号に掲げる事項のほか、次に掲げる事項について、これらの事項を記載した書面を交付して説明をさせなければならない。
　一　現金販売価格（宅地又は建物の引渡しまでにその代金の全額を受領する場合の価格をいう。）
　二　割賦販売価格（割賦販売の方法により販売する場合の価格をいう。）
　三　宅地又は建物の引渡しまでに支払う金銭の額及び賦払金（割賦販売の契約に基づく各回ごとの代金の支払分で目的物の引渡し後のものをいう。第四十二条第一項において同じ。）の額並びにその支払の時期及び方法
3　宅地建物取引業者は、宅地又は建物に係る信託（当該宅地建物取引業者を委託者とするものに限る。）の受益権の売主となる場合における売買の相手方に対して、その者が取得しようとしている信託の受益権に係る信託財産である宅地又は建物に関し、その売買の契約が成立するまでの間に、宅地建物取引士をして、少なくとも次に掲げる事項について、これらの事項を記載した書面（第五号において図面を必要とするときは、図面）を交付して説明をさせなければならない。ただし、その売買の相手方の利益の保護のため支障を生ずることがない場合として国土交通省令で定める場合は、この限りでない。
　一　当該信託財産である宅地又は建物の上に存する登記された権利の種類及び内容並びに登記名義人又は登記簿の表題部に記録された所有者の氏名（法人にあつては、その名称）
　二　当該信託財産である宅地又は建物に係る都市計画法、建築基準法その他の法令に基づく制限で政令で定めるものに関する事項の概要
　三　当該信託財産である宅地又は建物に係る私道に関する負担に関する事項
　四　当該信託財産である宅地又は建物に係る飲用水、電気及びガスの供給並びに排水のための施設の整備の状況（これらの施設が整備されていない場合においては、その整備の見通し及びその整備についての特別の負担に関する事項）
　五　当該信託財産である宅地又は建物が宅地の造成又は建築に関する工事の完了前のものであるときは、その完了時における形状、構造その他国土交通省令で定める事項

六　当該信託財産である建物が建物の区分所有等に関する法律第二条第一項に規定する区分所有権の目的であるものであるときは、当該建物を所有するための一棟の建物の敷地に関する権利の種類及び内容、同条第四項に規定する共用部分に関する規約の定めその他の一棟の建物又はその敷地（一団地内に数棟の建物があつて、その団地内の土地又はこれに関する権利がそれらの建物の所有者の共有に属する場合には、その土地を含む。）に関する権利及びこれらの管理又は使用に関する事項で国土交通省令で定めるもの
七　その他当該信託の受益権の売買の相手方の利益の保護の必要性を勘案して国土交通省令で定める事項
4　宅地建物取引士は、前三項の説明をするときは、説明の相手方に対し、宅地建物取引士証を提示しなければならない。
5　第一項から第三項までの書面の交付に当たつては、宅地建物取引士は、当該書面に記名しなければならない。
6　次の表の第一欄に掲げる者が宅地建物取引業者である場合においては、同表の第二欄に掲げる規定の適用については、これらの規定中同表の第三欄に掲げる字句は、それぞれ同表の第四欄に掲げる字句とし、前二項の規定は、適用しない。

| | | | |
|---|---|---|---|
| 宅地建物取引業者の相手方等 | 第一項 | 宅地建物取引士をして、少なくとも次に掲げる事項について、これらの事項 | 少なくとも次に掲げる事項 |
| | | 交付して説明をさせなければ | 交付しなければ |
| 第二項に規定する宅地又は建物の割賦販売の相手方 | 第二項 | 宅地建物取引士をして、前項各号に掲げる事項のほか、次に掲げる事項について、これらの事項 | 前項各号に掲げる事項のほか、次に掲げる事項 |
| | | 交付して説明をさせなければ | 交付しなければ |

7　宅地建物取引業者は、前項の規定により読み替えて適用する第一項又は第二項の規定により交付すべき書面を作成したときは、宅地建物取引士をして、当該書面に記名させなければならない。
8　宅地建物取引業者は、第一項から第三項までの規定による書面の交付に代えて、政令で定めるところにより、第一項に規定する宅地建物取引業者の相手方等、第二項に規定する宅地若しくは建物の割賦販売の相手方又は第三項に規定する売買の相手方の承諾を得て、宅地建物取引士に、当該書面に記載すべき事項を電磁的方法であつて第五項の規定による

措置に代わる措置を講ずるものとして国土交通省令で定めるものにより提供させることができる。この場合において、当該宅地建物取引業者は、当該宅地建物取引士に当該書面を交付させたものとみなし、同項の規定は、適用しない。
9　宅地建物取引業者は、第六項の規定により読み替えて適用する第一項又は第二項の規定による書面の交付に代えて、政令で定めるところにより、第六項の規定により読み替えて適用する第一項に規定する宅地建物取引業者の相手方等である宅地建物取引業者又は第六項の規定により読み替えて適用する第二項に規定する宅地若しくは建物の割賦販売の相手方である宅地建物取引業者の承諾を得て、当該書面に記載すべき事項を電磁的方法であつて第七項の規定による措置に代わる措置を講ずるものとして国土交通省令で定めるものにより提供することができる。この場合において、当該宅地建物取引業者は、当該書面を交付したものとみなし、同項の規定は、適用しない。

### 第三十六条　（略）

（書面の交付）
### 第三十七条
宅地建物取引業者は、宅地又は建物の売買又は交換に関し、自ら当事者として契約を締結したときはその相手方に、当事者を代理して契約を締結したときはその相手方及び代理を依頼した者に、その媒介により契約が成立したときは当該契約の各当事者に、遅滞なく、次に掲げる事項を記載した書面を交付しなければならない。
一　当事者の氏名（法人にあつては、その名称）及び住所
二　当該宅地の所在、地番その他当該宅地を特定するために必要な表示又は当該建物の所在、種類、構造その他当該建物を特定するために必要な表示
二の二　当該建物が既存の建物であるときは、建物の構造耐力上主要な部分等の状況について当事者の双方が確認した事項
三　代金又は交換差金の額並びにその支払の時期及び方法
四　宅地又は建物の引渡しの時期
五　移転登記の申請の時期
六　代金及び交換差金以外の金銭の授受に関する定めがあるときは、その額並びに当該金銭の授受の時期及び目的
七　契約の解除に関する定めがあるときは、その内容
八　損害賠償額の予定又は違約金に関する定めがあるときは、その内容
九　代金又は交換差金についての金銭の貸借のあつせんに関する定めがある場合においては、当該あつせんに係る金銭の貸借が成立しないときの措置
十　天災その他不可抗力による損害の負担に関する定めがあるときは、その内容

十一　当該宅地若しくは建物が種類若しくは品質に関して契約の内容に適合しない場合におけるその不適合を担保すべき責任又は当該責任の履行に関して講ずべき保証保険契約の締結その他の措置についての定めがあるときは、その内容
　十二　当該宅地又は建物に係る租税その他の公課の負担に関する定めがあるときは、その内容
２　宅地建物取引業者は、宅地又は建物の貸借に関し、当事者を代理して契約を締結したときはその相手方及び代理を依頼した者に、その媒介により契約が成立したときは当該契約の各当事者に、次に掲げる事項を記載した書面を交付しなければならない。
　一　前項第一号、第二号、第四号、第七号、第八号及び第十号に掲げる事項
　二　借賃の額並びにその支払の時期及び方法
　三　借賃以外の金銭の授受に関する定めがあるときは、その額並びに当該金銭の授受の時期及び目的
３　宅地建物取引業者は、前二項の規定により交付すべき書面を作成したときは、宅地建物取引士をして、当該書面に記名させなければならない。
４　宅地建物取引業者は、第一項の規定による書面の交付に代えて、政令で定めるところにより、次の各号に掲げる場合の区分に応じ当該各号に定める者の承諾を得て、当該書面に記載すべき事項を電磁的方法であつて前項の規定による措置に代わる措置を講ずるものとして国土交通省令で定めるものにより提供することができる。この場合において、当該宅地建物取引業者は、当該書面を交付したものとみなし、同項の規定は、適用しない。
　一　自ら当事者として契約を締結した場合　当該契約の相手方
　二　当事者を代理して契約を締結した場合　当該契約の相手方及び代理を依頼した者
　三　その媒介により契約が成立した場合　当該契約の各当事者
５　宅地建物取引業者は、第二項の規定による書面の交付に代えて、政令で定めるところにより、次の各号に掲げる場合の区分に応じ当該各号に定める者の承諾を得て、当該書面に記載すべき事項を電磁的方法であつて第三項の規定による措置に代わる措置を講ずるものとして国土交通省令で定めるものにより提供することができる。この場合において、当該宅地建物取引業者は、当該書面を交付したものとみなし、同項の規定は、適用しない。
　一　当事者を代理して契約を締結した場合　当該契約の相手方及び代理を依頼した者
　二　その媒介により契約が成立した場合　当該契約の各当事者
　（事務所等以外の場所においてした買受けの申込みの撤回等）
**第三十七条の二**　宅地建物取引業者が自ら売主となる宅地又は建物の売買契約について、当該宅地建物取引業者の事務所その他国土交通省令・内閣府令で定める場所（以下この条において「事務所等」という。）以外の場所において、当該宅地又は建物の買受けの申込みをした者又は売買契約を締結した買主（事務所等において買受けの申込みをし、事務所

等以外の場所において売買契約を締結した買主を除く。）は、次に掲げる場合を除き、書面により、当該買受けの申込みの撤回又は当該売買契約の解除（以下この条において「申込みの撤回等」という。）を行うことができる。この場合において、宅地建物取引業者は、申込みの撤回等に伴う損害賠償又は違約金の支払を請求することができない。

一　買受けの申込みをした者又は買主（以下この条において「申込者等」という。）が、国土交通省令・内閣府令の定めるところにより、申込みの撤回等を行うことができる旨及びその申込みの撤回等を行う場合の方法について告げられた場合において、その告げられた日から起算して八日を経過したとき。

二　申込者等が、当該宅地又は建物の引渡しを受け、かつ、その代金の全部を支払つたとき。

2　申込みの撤回等は、申込者等が前項前段の書面を発した時に、その効力を生ずる。

3　申込みの撤回等が行われた場合においては、宅地建物取引業者は、申込者等に対し、速やかに、買受けの申込み又は売買契約の締結に際し受領した手付金その他の金銭を返還しなければならない。

4　前三項の規定に反する特約で申込者等に不利なものは、無効とする。

（損害賠償額の予定等の制限）

**第三十八条**　宅地建物取引業者がみずから売主となる宅地又は建物の売買契約において、当事者の債務の不履行を理由とする契約の解除に伴う損害賠償の額を予定し、又は違約金を定めるときは、これらを合算した額が代金の額の十分の二をこえることとなる定めをしてはならない。

2　前項の規定に反する特約は、代金の額の十分の二をこえる部分について、無効とする。

（手付の額の制限等）

**第三十九条**　宅地建物取引業者は、自ら売主となる宅地又は建物の売買契約の締結に際して、代金の額の十分の二を超える額の手付を受領することができない。

2　宅地建物取引業者が、自ら売主となる宅地又は建物の売買契約の締結に際して手付を受領したときは、その手付がいかなる性質のものであつても、買主はその手付を放棄して、当該宅地建物取引業者はその倍額を現実に提供して、契約の解除をすることができる。ただし、その相手方が契約の履行に着手した後は、この限りでない。

3　前項の規定に反する特約で、買主に不利なものは、無効とする。

（担保責任についての特約の制限）

**第四十条**　宅地建物取引業者は、自ら売主となる宅地又は建物の売買契約において、その目的物が種類又は品質に関して契約の内容に適合しない場合におけるその不適合を担保すべき責任に関し、民法（明治二十九年法律第八十九号）第五百六十六条に規定する期間についてその目的物の引渡しの日から二年以上となる特約をする場合を除き、同条に規定するものより買主に不利となる特約をしてはならない。

2　前項の規定に反する特約は、無効とする。

**第四十一条～第四十六条　（略）**

（業務に関する禁止事項）

**第四十七条**　宅地建物取引業者は、その業務に関して、宅地建物取引業者の相手方等に対し、次に掲げる行為をしてはならない。
- 一　宅地若しくは建物の売買、交換若しくは貸借の契約の締結について勧誘をするに際し、又はその契約の申込みの撤回若しくは解除若しくは宅地建物取引業に関する取引により生じた債権の行使を妨げるため、次のいずれかに該当する事項について、故意に事実を告げず、又は不実のことを告げる行為
  - イ　第三十五条第一項各号又は第二項各号に掲げる事項
  - ロ　第三十五条の二各号に掲げる事項
  - ハ　第三十七条第一項各号又は第二項各号（第一号を除く。）に掲げる事項
  - ニ　イからハまでに掲げるもののほか、宅地若しくは建物の所在、規模、形質、現在若しくは将来の利用の制限、環境、交通等の利便、代金、借賃等の対価の額若しくは支払方法その他の取引条件又は当該宅地建物取引業者若しくは取引の関係者の資力若しくは信用に関する事項であつて、宅地建物取引業者の相手方等の判断に重要な影響を及ぼすこととなるもの
- 二　不当に高額の報酬を要求する行為
- 三　手付について貸付けその他信用の供与をすることにより契約の締結を誘引する行為

**第四十八条～第六十四条　（略）**

（指示及び業務の停止）

**第六十五条**　国土交通大臣又は都道府県知事は、その免許（第五十条の二第一項の認可を含む。次項及び第七十条第二項において同じ。）を受けた宅地建物取引業者が次の各号のいずれかに該当する場合又はこの法律の規定若しくは特定住宅瑕疵担保責任の履行の確保等に関する法律（平成十九年法律第六十六号。以下この条において「履行確保法」という。）第十一条第一項若しくは第六項、第十二条第一項、第十三条、第十五条第一項若しくは履行確保法第十六条において読み替えて準用する履行確保法第七条第一項若しくは第二項若しくは第八条第一項若しくは第二項の規定に違反した場合においては、当該宅地建物取引業者に対して、必要な指示をすることができる。
- 一　業務に関し取引の関係者に損害を与えたとき又は損害を与えるおそれが大であるとき。
- 二　業務に関し取引の公正を害する行為をしたとき又は取引の公正を害するおそれが大であ

るとき。
　三　業務に関し他の法令（履行確保法及びこれに基づく命令を除く。）に違反し、宅地建物取引業者として不適当であると認められるとき。
　四　宅地建物取引士が、第六十八条又は第六十八条の二第一項の規定による処分を受けた場合において、宅地建物取引業者の責めに帰すべき理由があるとき。
2　国土交通大臣又は都道府県知事は、その免許を受けた宅地建物取引業者が次の各号のいずれかに該当する場合においては、当該宅地建物取引業者に対し、一年以内の期間を定めて、その業務の全部又は一部の停止を命ずることができる。
　一　前項第一号又は第二号に該当するとき（認可宅地建物取引業者の行う取引一任代理等に係るものに限る。）。
　一の二　前項第三号又は第四号に該当するとき。
　二　第十三条、第二十五条第五項（第二十六条第二項において準用する場合を含む。）、第二十八条第一項、第三十一条の三第三項、第三十二条、第三十三条の二、第三十四条、第三十四条の二第一項若しくは第二項（第三十四条の三において準用する場合を含む。）、第三十五条第一項から第三項まで、第三十六条、第三十七条第一項若しくは第二項、第四十一条第一項、第四十一条の二第一項、第四十三条から第四十五条まで、第四十六条第二項、第四十七条、第四十七条の二、第四十八条第一項若しくは第三項、第六十四条の九第二項、第六十四条の十第二項、第六十四条の十二第四項、第六十四条の十五前段若しくは第六十四条の二十三前段の規定又は履行確保法第十一条第一項、第十三条若しくは履行確保法第十六条において読み替えて準用する履行確保法第七条第一項の規定に違反したとき。
　三　前項又は次項の規定による指示に従わないとき。
　四　この法律の規定に基づく国土交通大臣又は都道府県知事の処分に違反したとき。
　五　前三号に規定する場合のほか、宅地建物取引業に関し不正又は著しく不当な行為をしたとき。
　六　営業に関し成年者と同一の行為能力を有しない未成年者である場合において、その法定代理人（法定代理人が法人である場合においては、その役員を含む。）が業務の停止をしようとするとき以前五年以内に宅地建物取引業に関し不正又は著しく不当な行為をしたとき。
　七　法人である場合において、その役員又は政令で定める使用人のうちに業務の停止をしようとするとき以前五年以内に宅地建物取引業に関し不正又は著しく不当な行為をした者があるに至つたとき。
　八　個人である場合において、政令で定める使用人のうちに業務の停止をしようとするとき以前五年以内に宅地建物取引業に関し不正又は著しく不当な行為をした者があるに至つ

とき。
3　都道府県知事は、国土交通大臣又は他の都道府県知事の免許を受けた宅地建物取引業者で当該都道府県の区域内において業務を行うものが、当該都道府県の区域内における業務に関し、第一項各号のいずれかに該当する場合又はこの法律の規定若しくは履行確保法第十一条第一項若しくは第六項、第十二条第一項、第十三条、第十五条第一項若しくは履行確保法第十六条において読み替えて準用する履行確保法第七条第一項若しくは第二項若しくは第八条第一項若しくは第二項の規定に違反した場合においては、当該宅地建物取引業者に対して、必要な指示をすることができる。
4　都道府県知事は、国土交通大臣又は他の都道府県知事の免許を受けた宅地建物取引業者で当該都道府県の区域内において業務を行うものが、当該都道府県の区域内における業務に関し、次の各号のいずれかに該当する場合においては、当該宅地建物取引業者に対し、一年以内の期間を定めて、その業務の全部又は一部の停止を命ずることができる。
　一　第一項第三号又は第四号に該当するとき。
　二　第十三条、第三十一条の三第三項（事務所に係る部分を除く。）、第三十二条、第三十三条の二、第三十四条、第三十四条の二第一項若しくは第二項（第三十四条の三において準用する場合を含む。）、第三十五条第一項から第三項まで、第三十六条、第三十七条第一項若しくは第二項、第四十一条第一項、第四十一条の二第一項、第四十三条から第四十五条まで、第四十六条第二項、第四十七条、第四十七条の二又は第四十八条第一項若しくは第三項の規定に違反したとき。
　三　第一項又は前項の規定による指示に従わないとき。
　四　この法律の規定に基づく国土交通大臣又は都道府県知事の処分に違反したとき。
　五　前三号に規定する場合のほか、不正又は著しく不当な行為をしたとき。
（免許の取消し）
**第六十六条**　国土交通大臣又は都道府県知事は、その免許を受けた宅地建物取引業者が次の各号のいずれかに該当する場合においては、当該免許を取り消さなければならない。
　一　第五条第一項第一号、第五号から第七号まで、第十号又は第十四号のいずれかに該当するに至つたとき。
　二　営業に関し成年者と同一の行為能力を有しない未成年者である場合において、その法定代理人（法定代理人が法人である場合においては、その役員を含む。）が第五条第一項第一号から第七号まで又は第十号のいずれかに該当するに至つたとき。
　三　法人である場合において、その役員又は政令で定める使用人のうちに第五条第一項第一号から第七号まで又は第十号のいずれかに該当する者があるに至つたとき。
　四　個人である場合において、政令で定める使用人のうちに第五条第一項第一号から第七号まで又は第十号のいずれかに該当する者があるに至つたとき。

五　第七条第一項各号のいずれかに該当する場合において第三条第一項の免許を受けていないことが判明したとき。
　六　免許を受けてから一年以内に事業を開始せず、又は引き続いて一年以上事業を休止したとき。
　七　第十一条第一項の規定による届出がなくて同項第三号から第五号までのいずれかに該当する事実が判明したとき。
　八　不正の手段により第三条第一項の免許を受けたとき。
　九　前条第二項各号のいずれかに該当し情状が特に重いとき又は同条第二項若しくは第四項の規定による業務の停止の処分に違反したとき。
2　国土交通大臣又は都道府県知事は、その免許を受けた宅地建物取引業者が第三条の二第一項の規定により付された条件に違反したときは、当該宅地建物取引業者の免許を取り消すことができる。

**第六十七条～第七十九条　（略）**

**第七十九条の二**　第四十七条の規定に違反して同条第一号に掲げる行為をした者は、二年以下の懲役若しくは三百万円以下の罰金に処し、又はこれを併科する。

**第八十条～第八十三条　（略）**

**第八十四条**　法人の代表者又は法人若しくは人の代理人、使用人その他の従業者が、その法人又は人の業務に関し、次の各号に掲げる規定の違反行為をしたときは、その行為者を罰するほか、その法人に対して当該各号に定める罰金刑を、その人に対して各本条の罰金刑を科する。
　一　第七十九条又は第七十九条の二　一億円以下の罰金刑
　二　第八十条又は第八十一条から第八十三条まで（同条第一項第三号を除く。）　各本条の罰金刑

**第八十五条～第八十六条　（略）**
**附則　（略）**
**別表　（略）**

# 民法（抄）

明治二十九年法律第八十九号
最終改正：令和六年五月二十四日法律第三十三号

（任意規定と異なる意思表示）
第九十一条　法律行為の当事者が法令中の公の秩序に関しない規定と異なる意思を表示したときは、その意思に従う。

（詐欺又は強迫）
第九十六条　詐欺又は強迫による意思表示は、取り消すことができる。
2　相手方に対する意思表示について第三者が詐欺を行った場合においては、相手方がその事実を知り、又は知ることができたときに限り、その意思表示を取り消すことができる。
3　前二項の規定による詐欺による意思表示の取消しは、善意でかつ過失がない第三者に対抗することができない。

（取消権の期間の制限）
第百二十六条　取消権は、追認をすることができる時から五年間行使しないときは、時効によって消滅する。行為の時から二十年を経過したときも、同様とする。

（債務不履行による損害賠償）
第四百十五条　債務者がその債務の本旨に従った履行をしないとき又は債務の履行が不能であるときは、債権者は、これによって生じた損害の賠償を請求することができる。ただし、その債務の不履行が契約その他の債務の発生原因及び取引上の社会通念に照らして債務者の責めに帰することができない事由によるものであるときは、この限りでない。
2　前項の規定により損害賠償の請求をすることができる場合において、債権者は、次に掲げるときは、債務の履行に代わる損害賠償の請求をすることができる。
　一　債務の履行が不能であるとき。
　二　債務者がその債務の履行を拒絶する意思を明確に表示したとき。
　三　債務が契約によって生じたものである場合において、その契約が解除され、又は債務の不履行による契約の解除権が発生したとき。

（催告による解除）
第五百四十一条　当事者の一方がその債務を履行しない場合において、相手方が相当の期間を定めてその履行の催告をし、その期間内に履行がないときは、相手方は、契約の解除を

することができる。ただし、その期間を経過した時における債務の不履行がその契約及び取引上の社会通念に照らして軽微であるときは、この限りでない。

（催告によらない解除）
第五百四十二条　次に掲げる場合には、債権者は、前条の催告をすることなく、直ちに契約の解除をすることができる。
　一　債務の全部の履行が不能であるとき。
　二　債務者がその債務の全部の履行を拒絶する意思を明確に表示したとき。
　三　債務の一部の履行が不能である場合又は債務者がその債務の一部の履行を拒絶する意思を明確に表示した場合において、残存する部分のみでは契約をした目的を達することができないとき。
　四　契約の性質又は当事者の意思表示により、特定の日時又は一定の期間内に履行をしなければ契約をした目的を達することができない場合において、債務者が履行をしないでその時期を経過したとき。
　五　前各号に掲げる場合のほか、債務者がその債務の履行をせず、債権者が前条の催告をしても契約をした目的を達するのに足りる履行がされる見込みがないことが明らかであるとき。
2　次に掲げる場合には、債権者は、前条の催告をすることなく、直ちに契約の一部の解除をすることができる。
　一　債務の一部の履行が不能であるとき。
　二　債務者がその債務の一部の履行を拒絶する意思を明確に表示したとき。

（買主の追完請求権）
第五百六十二条　引き渡された目的物が種類、品質又は数量に関して契約の内容に適合しないものであるときは、買主は、売主に対し、目的物の修補、代替物の引渡し又は不足分の引渡しによる履行の追完を請求することができる。ただし、売主は、買主に不相当な負担を課するものでないときは、買主が請求した方法と異なる方法による履行の追完をすることができる。
2　前項の不適合が買主の責めに帰すべき事由によるものであるときは、買主は、同項の規定による履行の追完の請求をすることができない。

（買主の代金減額請求権）
第五百六十三条　前条第一項本文に規定する場合において、買主が相当の期間を定めて履行の追完の催告をし、その期間内に履行の追完がないときは、買主は、その不適合の程度に応じて代金の減額を請求することができる。

2　前項の規定にかかわらず、次に掲げる場合には、買主は、同項の催告をすることなく、直ちに代金の減額を請求することができる。
　一　履行の追完が不能であるとき。
　二　売主が履行の追完を拒絶する意思を明確に表示したとき。
　三　契約の性質又は当事者の意思表示により、特定の日時又は一定の期間内に履行をしなければ契約をした目的を達することができない場合において、売主が履行の追完をしないでその時期を経過したとき。
　四　前三号に掲げる場合のほか、買主が前項の催告をしても履行の追完を受ける見込みがないことが明らかであるとき。
3　第一項の不適合が買主の責めに帰すべき事由によるものであるときは、買主は、前二項の規定による代金の減額の請求をすることができない。

（買主の損害賠償請求及び解除権の行使）
**第五百六十四条**　前二条の規定は、第四百十五条の規定による損害賠償の請求並びに第五百四十一条及び第五百四十二条の規定による解除権の行使を妨げない。

（目的物の種類又は品質に関する担保責任の期間の制限）
**第五百六十六条**　売主が種類又は品質に関して契約の内容に適合しない目的物を買主に引き渡した場合において、買主がその不適合を知った時から一年以内にその旨を売主に通知しないときは、買主は、その不適合を理由として、履行の追完の請求、代金の減額の請求、損害賠償の請求及び契約の解除をすることができない。ただし、売主が引渡しの時にその不適合を知り、又は重大な過失によって知らなかったときは、この限りでない。第六十五条　国土交通大臣又は都道府県知事は、その免許（第五十条の二第一項の認可を含む。次項及び第七十条第二項において同じ。）を受けた宅地建物取引業者が次の各号のいずれかに該当する場合又はこの法律の規定若しくは特定住宅瑕疵担保責任の履行の確保等に関する法律（平成十九年法律第六十六号。以下この条において「履行確保法」という。）第十一条第一項若しくは第六項、第十二条第一項、第十三条、第十五条第一項若しくは履行確保法第十六条において読み替えて準用する履行確保法第七条第一項若しくは第二項若しくは第八条第一項若しくは第二項の規定に違反した場合においては、当該宅地建物取引業者に対して、必要な指示をすることができる。
　一　業務に関し取引の関係者に損害を与えたとき又は損害を与えるおそれが大であるとき。
　二　業務に関し取引の公正を害する行為をしたとき又は取引の公正を害するおそれが大であるとき。
　三　業務に関し他の法令（履行確保法及びこれに基づく命令を除く。）に違反し、宅地建物

取引業者として不適当であると認められるとき。
　四　宅地建物取引士が、第六十八条又は第六十八条の二第一項の規定による処分を受けた場合において、宅地建物取引業者の責めに帰すべき理由があるとき。
2　国土交通大臣又は都道府県知事は、その免許を受けた宅地建物取引業者が次の各号のいずれかに該当する場合においては、当該宅地建物取引業者に対し、一年以内の期間を定めて、その業務の全部又は一部の停止を命ずることができる。

## 判例索引

| 裁判所 | 元号 | 年 | 月 | 日 | 出典 | 頁 |
|---|---|---|---|---|---|---|
| 大審院 | 大 | 2 | 12 | 20 | 民録19輯1036頁 | 93 |
| 最高裁 | 昭 | 43 | 11 | 21 | 民集22巻12号2741頁、判時542号48頁 | 117 |
| 大阪地裁 | 昭 | 63 | 2 | 24 | 判時1292号177頁 | 85 |
| 東京地裁 | 平 | 10 | 5 | 28 | 判タ988号198頁 | 72、76 |
| 福岡地裁 | 平 | 16 | 9 | 22 | 裁判所ウェブサイト、2004WLJPCA09229009 | 41、55 |
| 最高裁 | 平 | 17 | 12 | 16 | 判タ1200号127頁 | 108 |
| 福岡地裁 | 平 | 18 | 2 | 2 | 判タ1224号255頁 | 48 |
| 東京地裁 | 平 | 18 | 8 | 30 | WLJPCA08308005 | 43、55 |
| 札幌高裁 | 平 | 20 | 1 | 25 | 判時2017号85頁 | 62 |
| 福岡高裁 | 平 | 20 | 3 | 28 | 判時2024号32頁 | 101 |
| 最高裁 | 平 | 22 | 3 | 30 | 判時2075号32頁 | 37、62 |
| 東京地裁 | 平 | 22 | 6 | 29 | WLJPCA06298001 2010 | 5、104 |
| 最高裁 | 平 | 23 | 3 | 24 | 民集65巻2号903頁、判時2128号633頁 | 110 |
| 最高裁 | 平 | 23 | 7 | 12 | 判時2128号33頁 | 111 |
| 最高裁 | 平 | 23 | 7 | 15 | 民集65巻5号2269頁、判時2135号38頁 | 111 |
| 東京地裁 | 平 | 23 | 11 | 17 | 判時2150号49頁 | 18 |
| 東京地裁 | 平 | 24 | 3 | 27 | WLJPCA03278001 | 25、31、64 |
| 大阪高裁 | 平 | 25 | 10 | 17 | 消費者法ニュース98号283頁 | 98 |
| 東京地裁 | 平 | 26 | 4 | 18 | WLJPCA04188006 | 72、76 |
| 東京地裁 | 平 | 26 | 4 | 24 | WLJPCA04248024 | 23、33、38、64 |
| 東京地裁 | 平 | 26 | 10 | 30 | 金融・商事判例1459号52頁 | 80、82 |
| 東京地裁 | 平 | 27 | 7 | 17 | WLJPCA07178020 | 54 |
| 名古屋地裁 | 平 | 28 | 1 | 21 | 判時2304号83頁 | 17 |
| 東京地裁 | 平 | 28 | 1 | 22 | WLJPCA01220610 | 39、65 |
| 東京地裁 | 平 | 28 | 3 | 1 | 消費者情報478号28頁 | 33、65、80 |
| 最高裁 | 平 | 29 | 1 | 24 | 判時2332号16頁、民集71巻1号1頁 | 30 |
| 東京高裁 | 平 | 29 | 11 | 29 | 判時2386号33頁 | 20 |
| 名古屋高裁 | 平 | 30 | 5 | 30 | 判時2409号54頁 | 45、56 |
| 東京地裁 | 平 | 31 | 1 | 31 | WLJPCA01318008 | 22 |
| 東京地裁 | 平 | 31 | 3 | 20 | 金融法務事情2137号88頁 | 26 |
| 東京地裁 | 平 | 31 | 1 | 11 | WLJPCA01116004 | 70、73 |
| 東京地裁 | 平 | 31 | 4 | 17 | 消費者法ニュース123号268頁 | 56、64 |
| 東京高裁 | 令 | 1 | 9 | 26 | 消費者法ニュース123号272頁 | 56 |
| 東京地裁 | 令 | 4 | 1 | 17 | WLJPCA01178009 | 71 |
| 最高裁 | 令 | 4 | 12 | 12 | 民集76巻7号1696号、判時2558号16頁 | 113 |

# 事項索引

明渡し条項 ………………………… 113
意思表示の取消し ………………… 27
一部免除特約 ……………………… 92
押し買い …………………………… 79
解除権の行使についての情報提供 …… 16
解除権を放棄させる条項 ………… 94
解除条項 …………………………… 113
過量契約 …………………………… 27
勧誘 …………………………… 29、31
クーリング・オフ ………………… 84
契約条項を無効にする規律 ……… 89
契約不適合責任 ……………… 95、104
更新料特約 ………………………… 111
告知の対象 ………………………… 35
誤認による取消し ……………… 27、28
困惑による取消し ……………… 27、65
差止請求権 ………………………… 117
37条書面 …………………………… 8
敷引き特約 ………………………… 108
事業者 ………………………… 3、19
事業者の故意 ……………………… 50
事業者の努力義務 …………… 13、15
事実と異なること ………………… 48
重要事項（消契4条5項）………… 35
重要事項説明（宅建業法35条）
　による情報提供 ………………… 8
消費者 ………………………… 3、18
消費者契約 ………………………… 3
消費者性 …………………………… 18
消費者の後見等を理由とする解除条項
　………………………………… 97
消費者の努力義務 ………………… 13
消費者の利益を一方的に害する条項 … 102
将来における変動が不確実な事項 …… 60
全部免除特約 ……………………… 91
損害賠償の額の予定 ……………… 99
損害賠償責任を制限する条項 …… 90
退去妨害 ……………………… 66、70
宅建業者の義務 …………………… 15
宅建業法35条 ………………… 8、54
宅建業法37条の2 ………………… 84
宅建業法38条 …………………… 100
宅建業法40条 …………………… 106
宅建業法47条 ………………… 9、54
断定的判断の提供 …………… 34、58
告げる ……………………………… 51
適格消費者団体 …………… 11、116
当事者の属性 ……………………… 7
取消権の行使期間 ………………… 86
取消しの効果 ……………………… 86
媒介業者による勧誘 ……………… 87
販売代理による勧誘 ……………… 87
不実告知 ……………………… 34、47
不退去 ………………………… 66、69
不利益事実の不告知 ………… 34、53
平均的な損害の額 ……………… 100
民法566条 ………………………… 105
無催告解除条項 ………………… 114
利益の告知 ………………………… 53
霊感商法 ……………………… 82、87

[著者紹介]

宇仁美咲

　関西学院大学法学部卒業、弁護士（大阪弁護士会所属）、関西学院大学大学院司法研究科非常勤講師（平成16年4月から平成20年3月、法情報調査・法文書作成、建築紛争法）

[委員等]

・法務省関係　司法試験予備試験考査委員（令和2年度～4年度、民法）
・国土交通省関係　社会資本整備審議会産業分科会不動産部会臨時委員、不動産賃貸業、賃貸不動産管理業等のあり方に関する研究会委員、民法改正に対応した不動産取引に係る契約書等に関する検討会各委員、不動産取引における心理的瑕疵に関する検討会委員等、国土交通大学校講師（専門過程 宅地建物取引研修）、一般財団法人全国建設研修センター講師(用地職員のための法律実務)

[著書等]（岡本・宇仁共著含む）

「マンション管理適正化法の解説」、「詳解不動産仲介契約」、「逐条解説宅地建物取引業法」、「不動産売買の紛争類型と事案分析の手法」、「不動産媒介契約の要点解説」、「宅地建物取引業者による人の死の告知に関するガイドライン解説」、「指導監督から見た宅地建物取引業法」、「用地担当者のための民法の基礎知識」等

## 消費者契約法からみた
## 不動産取引
### 実務叢書わかりやすい不動産の適正取引シリーズ

2025年3月24日　第1版第1刷発行

編　　（一財）不動産適正取引推進機構
　　　　　（略称：RETIO）
著　　宇　仁　美　咲

発行者　箕　浦　文　夫
発行所　株式会社大成出版社

〒156-0042
東京都世田谷区羽根木1-7-11　TEL03(3321)4131(代)
https://www.taisei-shuppan.co.jp/

ⓒ2025（一財）不動産適正取引推進機構　デザイン：ビー・クス　印刷：信教印刷
落丁・乱丁はおとりかえいたします。
ISBN978-4-8028-3579-4

# 実務叢書 わかりやすい
# 不動産の適正取引 シリーズ

(一財) 不動産適正取引推進機構 編集

## 【実務叢書 発刊の趣旨】

- 近年の宅地建物取引業法に関する法令改正、裁判例の蓄積等に伴い、宅地建物取引業者、宅地建物取引士等に求められる知識、ノウハウが大幅に増加しています。
- 本実務叢書は、このような状況の中にあっても、宅地建物取引業者、宅地建物取引士等が、所要の知識等を身に着けて、不動産の適正取引を行うことができるよう、バランスの取れた知識等を、わかりやすい形で、普及することを目的に企画されたものです。
- 消費者の方々や不動産取引に関心のある方々等に役に立つものになることも、留意しています。
- 本実務叢書が、我が国における不動産の適正取引のさらなる推進や宅地建物取引業の信頼産業としての地位のさらなる確立に、役立つものになれば、幸いです。

---

**Ⅰ** 改訂版 不動産取引における 重要事項説明の要点解説
　　　　　　　　　　　　　　　　(一財) 不動産適正取引推進機構 編著

**Ⅱ** 紛争事例で学ぶ 不動産取引のポイント　　紛争事例研究会 著

**Ⅲ** 新版 わかりやすい 宅地建物取引業法
　　　　　　　　　　　　　　　周藤 利一●藤川 眞行 著

**Ⅳ** 不動産媒介契約の要点解説　　岡本 正治●宇仁 美咲 著
　　　　　　　　　　　　　　(一財) 不動産適正取引推進機構 編

**Ⅴ** 不動産取引Q&A　　　　　　　　　　　熊谷 則一 監修
　　　　　　　　　　　　　　(一財) 不動産適正取引推進機構 編著

**Ⅵ** 不動産取引実務に役立つ判例　　　　　周藤 利一 著
　　―最高裁主要判例の解説―　(一財) 不動産適正取引推進機構 編

**Ⅶ** 宅地建物取引業者による人の死の告知に関するガイドラインの解説
　　　宇仁 美咲 著　　(一財) 不動産適正取引推進機構 編

**Ⅷ** 不動産賃貸借Q&A　　　　　　　　　　佐藤 貴美 著
　　　　　　　　　　　　　　(一財) 不動産適正取引推進機構 編

**Ⅸ** 指導監督から見た宅地建物取引業法
　　　　　　　　　　　　　岡本 正治●宇仁 美咲 著
　　　　　　　　　　　　　　(一財) 不動産適正取引推進機構 編

**Ⅹ** 不動産売買Q&A　　　　　　　　　　　佐藤 貴美 著
　　　　　　　　　　　　　　(一財) 不動産適正取引推進機構 編

**Ⅺ** 消費者契約法からみた不動産取引　　　宇仁 美咲 著
　　　　　　　　　　　　　　(一財) 不動産適正取引推進機構 編

<刊行順。その他、今後、新たな企画・刊行も予定>